INCONTRO

DON GIACOMO PANIZZA

E LA COMUNITA' PROGETTO SUD

A CURA DI ROMOLO PERROTTA

IPOC
WWW.IPOCPRESS.COM

IPOC
49, Via Bernardino Verro
I – 20141 Milano MI
Tel.: +39-0236550461
Fax.: +39-0236550461
ipoc@ipocpress.com

Il contenuto del presente volume è stato riletto da don
Giacomo Panizza

Stampato in Gran Bretagna (Forest Stewardship Council™
FSC® C084699) e Stati Uniti (Sustainable Forestry Initiative®
SFI® Certified Sourcing) su carta esente da acidi

Collana I&T – Io&Te – Incontri e Testimonianze
ideata e diretta da Romolo Perrotta

ISBN: 978-88-6772-178-8

I&T
Io & Te
Collana di **Incontri & Testimonianze**
per gli adolescenti e i giovani

ideata e diretta da Romolo Perrotta

tracce
1

*I giovani
non hanno bisogno
di sermoni,
i giovani
hanno bisogno
di esempi di onestà,
di coerenza
e di altruismo.*
Sandro Pertini
(dal *Primo messaggio di fine anno
da Presidente della Repubblica,*
31 dicembre 1978)

I&T – Io&Te – Incontri & Testimonianze è una collana editoriale di libri-intervista in più serie tematiche destinata ai giovani.

Ci trovi:

- la dimensione dell'incontro;
- testimonianze autentiche, offerte con gratuità, di persone significative contemporanee;
- esempî da seguire;
- progetti sociali da conoscere e sostenere (con ben 3,00 euro per ogni copia venduta!);
- un'amministrazione trasparente delle vendite, degli introiti e della loro destinazione (sistematicamente aggiornata sul sito dell'editore);
- possibilità di abbonamento per ricevere a casa i volumi dell'intera collana a condizioni vantaggiose; e, soprattutto,
- il piacere di una buona lettura.

La prima serie ha per sottotitolo *Tracce* e intende presentare sia personalità poco conosciute che agiscono quotidianamente e silenziosamente nelle (per lo più piccole) realtà in cui operano, sia personalità abbastanza conosciute di cui, invece, non sempre sono note le iniziative sociali da loro sostenute (sono i testimoni/intervistati, infatti, a proporre i progetti da finanziare).

La serie *Tracce* è composta da 12 volumi. Questi gli Incontri & le Testimonianze, in ordine alfabetico:

1. Umberto Broccoli, autore televisivo e radiofonico, scrittore;
2. Mario Capanna, politico e saggista, presidente della Fondazione per i diritti genetici;
3. Beppe Carletti, musicista e *leader* del gruppo Nomadi;
4. Tommaso Le Pera, fotografo del teatro italiano;
5. Romano Màdera, filosofo e psicanalista, promotore delle Pratiche filosofiche in Italia;
6. Catello Maresca, giudice anticamorra;
7. Edoardo Martinelli, educatore, allievo di don Lorenzo Milani;
8. Lidia Menapace, partigiana, femminista, saggista;
9. Maurizio Pallante, attivista ambientalista, saggista, *leader* del Movimento per la decrescita felice;
10. don Giacomo Panizza, fondatore della Comunità Progetto Sud di Lamezia Terme;
11. Marco Roveda, imprenditore, fondatore della Fattoria biodinamica Scaldasole e di LifeGate;
12. suor Maria Lidia Schettino, assistente sociale, Istituto di pena di Poggioreale (Napoli).

INDICE

LA COMUNITÀ PROGETTO SUD

Don Giacomo, perché hai pensato ad alcune delle realtà create dal **Progetto Sud** *a cui destinare i 3 euro che matureranno per ogni copia di questa intervista?*

Perché queste realtà non usufruiscono di alcun sostegno economico, pur necessitando di completamento o di manutenzione. Per esempio, il parco giochi per bambini *Lilliput* è sorto su un terreno posto al confine con due famiglie in lotta fra loro fino al giorno in cui un famigliare della prima uccise un componente dell'altra e, da usuale vendetta, i famigliari della vittima risposero uccidendone due... Abbiamo liberato il terreno e vi abbiamo attrezzato un parco giochi che oggi rappresenta un punto d'incontro tra bambini e bambine di quelle e altre famiglie del circondario. *Lilliput* sorge in un quartiere di Lamezia Terme ad alto tasso di criminalità mafiosa: per questo vi svolgiamo giochi e passatempi per insegnare ai piccoli a sentirsi persone e a comportarsi alla pari. L'animazione è affidata a giovani innamorati dell'educazione.

Un'altra realtà offre delle borse-lavoro a disoccupati della città e a giovani donne del locale campo *rom*, in preparazione al loro futuro inserimento occupazionale presso aziende o attività commerciali. E altro ancora...

Giacomo Panizza

La Comunità Progetto Sud nasce a Lamezia Terme (CZ) come gemmazione del movimento di Capodarco, l'originale, meritoria, fortunata e duratura esperienza e proposta educativa rivolta agli handicappati, sorta a Fermo, nelle Marche, nel 1966. Divenuta progressivamente occasione di incontro e confronto tra ragazzi impegnati nel servizio civile, operatori sociali e volontarî, oltre che solido modello di vita comunitaria, Capodarco si diffonde in Italia e all'estero, dando vita a un'organizzazione non governativa di solidarietà che si propone di dare risposte ai problemi dei poveri e degli emarginati di tutti i continenti, con un'attenzione rivolta prevalentemente ai disabili. Inoltre, la consapevolezza che l'integrazione passa per un mutamento di mentalità, ha portato la Comunità di Capodarco ad ampliare, nel corso del tempo, i proprî orizzonti culturali e politici, divenendo punto di riferimento per tutti coloro che si battono per una liberazione integrale dell'individuo.

A pochi anni dalla sua fondazione, da Capodarco passa a prestarvi servizio don Giacomo Panizza. Le circostanze lo indurranno a proporre un analogo modello educativo a Lamezia Terme di lì a poco, già nel 1976.

Il gruppo iniziale della Comunità Progetto Sud è composto da venti persone, tra handicappati fisici e volontari. L'obiettivo fondamentale è quello di dare risposte alternative alla istituzionalizzazione e alla deportazione degli handicappati calabresi in centri di assistenza del nord. Ma col tempo la Comunità affronta altre problematiche sociali (minori, tossicodipendenti, disagio giovanile, Aids, donne maltrattate e in difficoltà, immigrati, Rom), radicandosi fortemente nel territorio lametino e calabrese mediante la creazione di servizî innovativi e dando vita a un insieme di gruppi diversificati nelle finalità e sempre tendenti al rispetto dei princìpî della legalità, della giustizia e dei diritti umani. Tutto ciò ha prodotto anche nuove imprenditorialità e opportunità lavorative, oltre a oramai consuete attività di tirocinio e servizio civile, volontariato e *stage* formativi.

Pur restando soprattutto un'esperienza di accoglienza e una comunità di vita, volta a rendere un servizio concreto a favore di chi è in difficoltà (per mezzo di diverse iniziative come: Condominio solidale, Casa alloggio "Tallarico", Centro di riabilitazione, Centro diurno per disabili gravi "L'altra casa", Casa famiglia "Dopo di noi", Sportello handicap, Comunità terapeutica residenziale "Fandango"), la Comunità Progetto Sud (costituitasi come onlus indipendente, e che dunque – come tale – può essere sostenuta con l'iniziativa del 5 x 1000: codice fiscale 92001590790): promuove politiche e azioni di cambiamento sociale, di esercizio e tutela dei diritti, di prevenzione (Centro sociale e culturale "Pensieri e parole", presso un edificio confiscato dallo Stato alla *'ndrangheta*; iniziativa "R-Evolution legalità"); cerca di costruire coesione e radicamento sociale nel territorio attraverso la sensibilizzazione all'esercizio dei diritti di cittadinanza delle persone vulnerabili (Parco giochi "Lilliput", presenza nelle scuole; iniziative per gli stranieri e le minoranze, come la Comunità di accoglienza per minori immigrati "Lunarossa"); crea reti di solidarietà e servizi sociali innovativi (con varî progetti e *partner*); avvia percorsi di autonomia per gruppi di base; favorisce la diffusione di politiche sociali eque; realizza progetti occupazionali nel settore del lavoro sociale; sperimenta sistemi di convivialità e di accoglienza; punta a fare comunicazione e cultura solidali, valorizzando le esperienze di vita associativa, elaborando materiali e pubblicazioni (tra cui la rivista trimestrale *Alogon*), approfondendo tematiche per lo sviluppo sostenibile dei territori e gestendo una scuola di formazione ("La scuola del sociale").

Nella realizzazione delle sue diverse e parallele espressioni di presenza sul territorio, per nulla secondaria risulta essere, inoltre, la sostanziale e costruttiva resistenza opposta dalla Comunità alla 'ndrangheta, costretta a fare i conti con un esercizio del bene e della testimonianza profondamente radicati nella fede e nel senso della giustizia, scevro da qualsiasi forma di compromesso che non siano la via della conversione e della fattiva e onesta missione a favore degli ultimi. Nell'esemplare fioritura delle comunità di Capodarco, la specificità della resistenza alla 'ndrangheta e dei percorsi di educazione e formazione alla legalità rappresenta un'ulteriore riprova dell'intuizione che l'integrazione sociale di qualsiasi individuo − handicappato, emarginato, malato o "normale" che sia − passa attraverso una visione e una cultura nuove e globali della cittadinanza, del bene comune e della politica.

L'incidenza sul territorio (e, per quanto è possibile, nella vita di tanti che ne hanno fatto o continuano a farvi parte) nel corso dei primi quarant'anni di storia della Comunità Progetto Sud è documentata in maniera dettagliata dai rapporti sistematicamente redatti (Cronologia per decenni, Progetti, Ambiti e Settori di intervento, Bilancio sociale ed economico, documenti) pubblicati sul sito.

Questi i recapiti della Sede legale e Comunità di vita:

via Conforti, 61
88046 Lamezia Terme CZ
tel. 0968.23297
fax 0968.26910
ufficio di presidenza: tel. 0968.22998
email: cps@c-progettosud.it
sito internet: www.comunitaprogettosud.it

CHI E' DON GIACOMO PANIZZA

CRONOBIOGRAFIA

1947, 4 febbraio: Giacomo Cesare Panizza nasce a Pontoglio (Brescia) da Maria Sardini, operaia tessile, e Giovanni, che svolge diversi lavori quali muratore, agricoltore, barista e operaio.

1953-1958: frequenta le scuole elementari nel paese natale.

1961: entra come apprendista nella fabbrica metalmeccanica Officine STORM di Pontoglio. Ancora minorenne, viene a contatto col mondo del lavoro, delle rivendicazioni sociali, delle vertenze sindacali.

1966: consegue la licenza media da privatista.

1969: matura la scelta religiosa e inizia a frequentare il Ginnasio e il Liceo Classico del Seminario vescovile di Brescia.

1976: completa gli studî teologici preparatorî all'ordinazione sacerdotale nei Seminarî di Brescia e di Fermo (Ascoli Piceno) e viene in contatto con la Comunità di Capodarco, dando inizio così al lungo cammino di formazione e di specializzazione che lo porta a testimoniare il proprio servizio a favore delle persone con disabilità e poi degli ultimi della società sotto molteplici riguardi.

10 dicembre 1976: viene ordinato sacerdote a Fermo

1976: eletto componente del Consiglio Nazionale delle Comunità di Capodarco, viene trasferito a Lamezia Terme (CZ) dove fonda una Comunità gemella. Oltre che fondatore e principale animatore della "Comunità Progetto Sud", ne diventa presidente. Le iniziative svolte dalla Comunità, da allora a oggi, sono legate al suo nome. Nello stesso anno si fa promotore di iniziative

IT

per la nascita e lo sviluppo di gruppi e organizzazioni di base, in Calabria come nel resto del Paese.

1978-1990: direttore della Caritas Diocesana di Lamezia Terme (e, nuovamente, dal 2005 al 2013).

dal 1980: relatore in diversi Corsi di formazione tenuti sull'intero territorio nazionale.

2001: la resistenza alla *'ndrangheta*, cominciata nel 1976 in seguito alle richieste di estorsione alle economie della Comunità, si acutizza in seguito all'utilizzo per fini sociali di strutture confiscate alle cosche locali.

1986-2010: Presidente del Coordinamento Nazionale delle Comunità di Accoglienza – Calabria.

1987: co-pomotore della ricerca "Handicappati a Lamezia Terme: la fascia da 0 a 14 anni", in collaborazione col Comune di Lamezia Terme.

1993: co-promotore e partecipante alla ricerca "Viaggio in Italia: la situazione dei servizi pubblici per le tossicodipendenze, ed altre notizie, a tre anni dall'applicazione della legge 162", a cura del CNCA. Riceve il Premio del volontariato italiano in Quirinale, Roma.

1997: co-promotore e partecipante alla ricerca "Viaggio in Italia 2: le tossicodipendenze nelle regioni. Numeri, persone, servizi, problemi", a cura del CNCA. Componente del Comitato tecnico-scientifico del progetto "ARKESIS – Rete di servizi integrati per la transizione al lavoro delle fasce deboli".

dal 1999: docente a contratto presso la Facoltà di Scienze politiche dell'Università della Calabria, dove tiene lezioni tanto all'interno dei corsi di laurea quanto per i *master* di specializzazione sui princìpî, i fondamenti, i metodi e le tecniche del servizio sociale nonché sulle politiche sociali e di sviluppo nel territorio calabrese.

1998-2011: Componente del Consiglio di Amministrazione Fondazione di Studi, Ricerca e Formazione FACITE.

2005: co-fondatore e, da allora, socio della "Associazione Antiracket Lamezia". Componente del gruppo promotore dei corsi per la Scuola di Dottrina Sociale della Chiesa, nella Diocesi di Lamezia Terme. Riceve il Premio Nazionale Paolo Borsellino, Teramo.

2006: co-fondatore e, da allora, socio del consorzio calabrese "CLASS".

2008-2013: Componente del Consiglio Direttivo della "Fondazione Antiusura Mons. Vittorio Moietta – Fondo di Solidarietà Antiusura".

2010: riceve il Premio Bulloni, Comune di Brescia.

2012: riceve il Premio Europeo Active Citizens Connetting Europe, Firenze. Riceve Premio della Bontà Paolo VI, Concesio, Brescia.

2013: riceve il Premio Sila, San Giovanni in Fiore.

2014: riceve il Premio La Pira, Pistoia.

BIBLIOGRAFIA

Don Giacomo Panizza è autore di numerosi scritti, redatti a partire dalla propria esperienza di operatore sociale e di sacerdote, dagli studî, dai confronti, dalle prese di posizione. Di seguito ne sono elencati alcuni, rappresentativi di questa varietà di occasioni. Un elenco dettagliato, corredato da *abstract*, si trova sul sito della Comunità Progetto Sud.

- *Handicappati in Calabria: Manuale di informazione*, Marra, Cosenza 1984
- *Fare comunità dall'emarginazione*, Gruppo Abele, Torino 1989

- (con G. Devastato), *Pensare a rovescio: tesi, idee e "normali" provocazioni per il cambiamento sociale*, Comunità Edizioni, Capodarco di Fermo 2000
- *Finché ne vollero,* Edizioni Paoline, Milano 2002
- "Terzo settore: una fiacca società civile", in G. Fofi, A. Leogrande (a cura di), *Nel Sud senza la bussola: venti voci per ritrovare l'orientamento,* L'Ancora del Mediterraneo, Napoli 2002
- *Occhi aperti sul lavoro sociale,* Rubbettino, Soveria Mannelli 2004
- *Responsabilità in gioco: la cittadinanza dei diritti, dei bisogni e delle capacità,* Comunità Edizioni, Roma 2004
- (con G. Marcello), *E si prese cura di lui – Dossier regionale 2004 – Profili della povertà in Calabria,* Rubbettino, Soveria Mannelli 2004
- (curatela), *Capaci di futuro,* Rubbettino, Soveria Mannelli 2005
- (curatela con W. Greco), *Povertà "familiari": Dossier regionale 2005 sulle povertà in Calabria,* Koiné, Reggio Calabria 2006
- "Esperienze di solidarietà e sussidiarietà: quando i servizi sono promossi e partecipati da noi", in AA. VV., *Niente su di noi senza di noi. Cambiamenti socio-culturali e disabilità nei contesti territoriali,* Nuova Frontiera, Salerno 2007, pp. 125-139
- *Io sono un grande sognatore: sfide e opportunità degli stranieri a una terra accogliente,* Laruffa, Reggio Calabria 2007
- "Esperienze significative al servizio della *polis*", in AA. VV., *È cosa nostra. Una pastorale ecclesiale per l'educazione delle coscienze in contesti di 'ndrangheta,* Editoriale Progetto 2000, Cosenza 2007, pp. 89-94

- "I rischi e le sfide. Politiche sociali per il terzo settore", in *Appunti sulle politiche sociali*, settembre-ottobre 2010, n. 5, pp. 7-11
- "I primi saranno soli", in P. Pozzi (a cura di), *Dov'è Dio. Il Vangelo quotidiano secondo quattro preti di strada*, Einaudi, Torino 2011, pp. 55-85
- (con G. Fofi), *Qui ho conosciuto purgatorio inferno e paradiso*, pref. di Roberto Saviano, Feltrinelli, Milano 2011
- (con D. Antiseri), *Il dono e lo scambio*, Rubbettino, Soveria Mannelli 2012
- "La lezione del '92: dallo smarrimento alla sfida di libertà e solidarietà", in M. Perna (a cura di), *Dove eravamo. Vent'anni dopo Capaci e via D'Amelio*, Caracò, Napoli 2012, pp. 41-46
- "Il *Vangelo* senza la vita vale niente", in AA. VV., *La 'ndrangheta davanti all'altare*, Sabbia Rossa, Reggio Calabria 2013, pp. 164-168
- *La mafia sul collo*, EDB, Bologna 2014

INCONTRO
DON
GIACOMO
PANIZZA

a mio figlio, Nicola Denis

Incontro don Giacomo Panizza in un giorno che potrebbe essere primavera, in qualsiasi momento cada nel calendario.

All'Università della Calabria, dove tiene un corso di lezioni, giunge da solo, in auto, con un paio di lenti scure che nascondono solo per alcuni istanti uno sguardo luminoso e chiaro, trasparente come il cielo azzurro che ci sovrasta. In quello sguardo, nel tono di voce discreto e lieve, in quell'energica persona, semplicemente coraggiosa e serena, malcelata da una corporatura esile, hanno trovato conforto tanti disabili, comprensione e aiuto drogati e malati di Aids, accoglienza *rom* e rifugiati, forza per ricominciare famiglie diseredate e donne maltrattate, un sorriso sincero bambini in difficoltà, una speranza tutti.

Sono ben consapevole del fatto che il tempo a nostra disposizione non basterà mai e poi mai a trattare sia pure di volata l'infinità delle iniziative che ho letto sul sito della Comunità Progetto Sud, oltre che averle conosciute (in parte) di persona. Così, fra le domande che ho preparato, decido di scegliere quelle più personali, inèdite.

Come tutti coloro che amano la vita, ha voglia di raccontare...

Romolo Perrotta
autunno 2014

RADICI

Sei nato a Pontoglio, in provincia di Brescia, che oggi conta circa 6.000 abitanti... puoi parlare dei luoghi delle tue origini?

Nei racconti di famiglia si dice che "i Panizza sono arrivati a Pontoglio con un prete e finiranno con un prete", frase spifferata da anziane parenti dopo che io m'ero messo a studiare da prete. Di fatto l'ultimo maschio con questo cognome sono rimasto davvero io, perché la parentela col cognome Panizza è fatta di sole donne.

Le mie origini affondano nella nebbia – che m'è sempre piaciuta – della Pianura Padana e nell'Oglio, il fiume che ha accompagnato il farsi di una mia certa identità. Non riesco a staccare la mia figura di bambino dal fiume Oglio. Pensa che da piccolo, parlando coi bambini forestieri, domandavo loro: "Che Oglio passa al tuo paese?" perché nel mio immaginario ogni paese era bagnato da un Oglio... che solo tardivamente ho capito si dovesse chiamare "fiume" in generale. Infatti, l'Oglio abbraccia quasi per intero Pontoglio, un piccolo comune sul confine ovest della provincia di Brescia. L'acqua dolce fa parte della mia infanzia: penso alle *seriole*, o rogge, che escono dall'Oglio, ai ruscelli che escono dalle *seriole* e irrigano i campi e l'acqua avanzata ritorna alle *seriole* per ributtarsi di nuovo nell'Oglio, affluente del Po. Numerosi canali, grandi e piccoli, attraversano il paese e lungo i percorsi l'acqua trova coperture di ponti, di case, di piazze, i cui sotterranei hanno rappresentato i luoghi dei nostri giochi

IT

migliori; ma anche le paure maggiori dei nostri genitori. Esplorare il ventre buio del paese, scendere in acqua a pescare con la fiocina e la fiammella delle lampade ad acetilene rappresentava "l'avventura" più avvincente per noi bambini; con le bambine invece si giocava a palla in alto, palla avvelenata, a fare scherzi... come accadeva dappertutto.

La prima identità che ti appioppavano a Pontoglio dipendeva dalla zona in cui abitavi: vicino o distante dal fiume, prossimo o lontano dal castello, nel tal vicolo, in quella via o in quella campagna. C'era un clima da *Ragazzi della via Pal*, di bande rivali, naturalmente nei giochi dei piccoli, perché poi a scuola o all'oratorio si tornava nelle classi e nei banchi stabiliti dai grandi. Anch'io, come gli altri, avevo la mia identità, quella di un vicolo a forma di elle chiamato tutt'ora "Quarterazzo" perché nel Medioevo dei Comuni fungeva da quartiere militare... Mi ricordo che in terza elementare la maestra aveva dato il tema "La via dove abito", e io l'avevo svolto iniziando con la frase: "Là, con un salto dal bello al brutto, inizia la mia via, il vicolo Quarterazzo". Quella mi ha messo sotto interrogatorio e poi col 10 e lode in fondo pagina mi ha spedito a leggerlo in tutte le aule perché nella nomea paesana il "brutto" del nostro vicolo era la pavimentazione fatta coi ciottoli del fiume, mentre tutte le strade comunali erano state asfaltate: ma alle decine di marmocchi che ci abitavamo sembrava bello, ma proprio bello così...

Che natura aveva allora il paese e di cosa vivevano i tuoi familiari?

Lo ricordo da sempre come agricolo e industriale, riassunto nelle attività dei miei genitori.

C'è il vellutificio, denominato "la fabbrica" perché è l'industria più antica, dove mia mamma ci lavorava fin da piccola. La fabbrica, come altre del luogo, era proprietaria delle turbine per crearsi l'energia elettrica, sfruttando i percorsi d'acqua del fiume e dei canali. È la stessa che fino a poco fa produceva il velluto per aziende come la Coin, e dava lavoro a più di cinquecento persone, quasi tutte operaie, a pochi operai e a qualche contabile. Mia mamma l'ha vista subire tante trasformazioni. Produceva velluti, ma in tempo di guerra si confezionavano indumenti militari e coperte; e lei insieme alle altre operaie veniva costretta a fare il sabato fascista, le marce e la ginnastica... Quando diluviava, io o mia sorella andavamo a prendere la mamma con l'ombrello grande. Aspettandola all'uscita, la vedevo in fila; squadravo che veniva palpata da una donna che controllava se lei e le altre operaie avessero addosso pezzi di velluto, attrezzi o cose preziose... Gli operai venivano palpati da un uomo.

Mio padre invece ha fatto più mestieri, per certi periodi anche assommati. Per quanto fosse muratore, coltivava un terreno. Io, piccolino, ci andavo insieme a funghi, a lumache, a fare la legna e anche al mulino dove vedevo il ciclo della farina per il pane e per la polenta gialla e bianca. Lui calamitava grandi e piccoli nel vicolo, inventandosi giochi e passatempi per farsi aiutare la sera a sbucciare le pannocchie. Per alcuni anni si è tenuto una cavallina, Stella, per il lavoro e per me. Avevamo – e abbiamo ancora – parenti agricoltori gestori di vasti appezzamenti coi quali ci si aiutava a vicenda, condividendo braccia, attrezzature e i pochi mezzi a motore di cui si disponeva. Qualcuno veniva ad arare anche la nostra terra, che mio padre coltivava in parallelo con l'attività in edilizia, a Milano. Erano gli anni della ricostruzione e lui faceva parte di un'impresa edile che tirava su case nuove, palazzi, grattacieli... e una volta mi ha portato a vederli. Poi smise per gestire a tempo pieno il bar delle Acli che si trovava all'imbocco del nostro vicolo, affacciato sulla piazza principale dove c'è la chiesa. Era un luogo molto frequentato, dove si familiarizzava e si mixavano anche le questioni sociali e politiche. Di sera in sera o di settimana in settimana, a seconda delle difficoltà, ci alternavamo in indovinelli stravaganti – hai presente quello su Biancaneve e i sette nani nel film *La vita è bella* di Benigni? – facendoci giocare col cervello, con l'unico giocattolo che avevamo.

Mio padre divenne infine metalmeccanico, ma un giorno si è accasciato svenuto sulla rettifica. Il tumore imprevisto lo ha portato a morire nel letto dell'ospedale, tra le mie braccia, nemmeno due mesi dopo...

Mi sono trovato in una famiglia in cui la solidarietà era all'ordine del giorno – mia mamma è una di cinque sorelle rimaste orfane di entrambi i genitori fin da piccole, e perciò affidate qua e là ai vari parenti. Io ho assaporato fin da piccolo e fino in fondo quest'atmosfera...

In che senso?

Nel senso che ho conosciuto tutte queste storie di solidarietà e di accoglienza tra parenti nei racconti di mia mamma. Non basterebbe un libro solo per raccontare questi.

Anche la fabbrica mi ha insegnato la solidarietà, un'altra faccia della solidarietà. Alle officine Storm eravamo quasi un centinaio. Appendevamo le nostre bici per una ruota a un gancio in alto e penzolavano come salami sotto la tettoia... Producevamo calibri e micròmetri, piani e squadre e altri strumenti di alta precisione in acciaio. Lavoravamo i varî pezzi coi tornî, le frese e le rettifiche, li tenevamo in mano per forarli e poi filettare i fori sotto grandi trapani fissi, e nell'assemblaggio il prodotto finale doveva risultare perfetto. Assommata alle altre fabbriche, dava lavoro alla gran parte dei paesani. A uomini e donne, a ragazzi e ragazze.

L'industria alla fine è prevalsa...

Sì, dopo il vellutificio sono sorte altre aziende industriali, le quali hanno soppiantato in buona parte la vocazione agricola di Pontoglio. La storia fa risalire l'agricoltura locale all'invasione dei romani. I legionarî, che avevano vinto le guerre di espansione di Roma sconfiggendo i nostri avi definiti barbari, hanno trasformato i boschi in campi fertili, dissodando i terreni concessi loro come compenso dall'imperatore. Riguardo a quel periodo la memoria locale enumera tanti fatti — alcuni anche favolistici —, ma i dati e le date tornano e aiutano a cucire la storia, compreso il ponte di epoca e fattura romanica eretto sull'Oglio, l'unico nel raggio di tanti

26   IT chilometri, per il possesso del quale sono state combattute guerre sanguinose tra le popolazioni stanziate sulle rive opposte del fiume. L'industria è prevalsa con fabbriche piccole e medie per la lavorazione del ferro, della ghisa, dell'acciaio; ma anche di infissi e altri prodotti di supporto all'edilizia... hanno patito la crisi degli ultimi anni, e adesso cercano di ripartire, di modernizzarsi, di riscommettere...

È interessante questo spaccato di vita del boom economico, che da una parte presenta la ripresa dell'economia, ma dall'altra anche la necessità di impiegare minorenni...

Sì, ragazzi che lavoravano in fabbrica a 14 o 15 anni di età sono diventati bravi imprenditori. Mi piaceva la felicità di chi, chiacchierando tra amici, si vantava di essere in grado di costruire il pezzo di una macchina di cui conosceva per intero la composizione e la funzione. Erano teste meccaniche e creative, spiegavano i congegni come poesie. Gli leggevi in faccia la felicità... Anche mio cugino Daniele, più ragazzino di me, da semplice operaio è diventato in grado di progettare e realizzare macchine ecologiche per il recupero di materiali che andrebbero altrimenti a inquinare l'ambiente... In cima ai pensieri hanno l'ansia del lavoro autonomo... Io invece ero andato in fabbrica sotto padrone con la sola quinta elementare...

Ma come è andata avanti la tua scuola?

Quasi tutta "fuori corso". Durante l'infanzia e oltre l'adolescenza sono rimasto con la quinta elementare. Stop... Mi è rimasto impresso che mi veniva facile e piacevole imparare. Te lo dico con un episodio. Agli inizî della terza elementare eravamo in pochissimi a saper leggere bene. Quella mattina stavamo col sillabario aperto e un alunno inciampava nella lettura. Per divagare mi sono messo a stuzzicare il compagno di banco, ma la maestra mi adocchia e proferisce: "Continua la lettura Panizza!". E così io, di tutta risposta, chiudo gli occhi e vado avanti ad alta voce, continuando dal punto in cui s'era interrotto l'altro alunno. Lei s'accorge che sto recitando il brano a memoria, si avvicina, ma non mi punisce e neppure mi elogia... La maestra Angela Festa si è riservata di ricordarmelo ogni qualvolta ci saremmo incontrati... anche dopo le elementari.

Un po' di scuole, serali, le ho frequentate durante la fabbrica... anzitutto un corso di disegno tecnico e meccanico, e a 18 anni le medie. Le Acli del paese avevano promosso un corso serale per far recuperare la licenza di terza media a operai e operaie che a causa dell'età erano rimasti tagliati fuori, perciò andavamo in fabbrica di giorno e a scuola di sera. La maestra Giuseppina Peci, che tirava il gruppo degli insegnanti, si diverte a raccontare tutt'ora com'è andata all'esame finale di matematica, perché dal Provveditorato era pervenuto un testo incompleto del problema assegnato agli alunni. Mancava una frase con un dato necessario per risolvere il problema, ma noi esaminandi l'avevamo già trascritto sui fogli timbrati e, non sapendo nulla, cercavamo di risolverlo. Oltre ai ragazzetti "normali"

IT

delle medie c'eravamo noi privatisti della fabbrica, io di 18 anni e gli altri operai e operaie più su di età. Dunque leggo il problema, lo risolvo a modo mio e mi alzo a consegnarlo. I prof della commissione d'esami mi guardano, la maestra Peci non sa come fermarmi per salvarmi; però, sbirciando il mio foglio, s'accorge che il risultato è giusto, risolto inventandomi procedimenti che avrei imparato anni dopo in geometria alle medie superiori. A me hanno spiegato tutto alla fine, dopo che sono uscito dall'aula grande per fermarmi due ore ad aspettare gli altri della fabbrica, rimasti in aula coi piccoli a trascrivere il testo integrale del problema sui nuovi foglî e a risolverselo.

Da lì è stato facile convincere mio padre a lasciarmi fare il *part time* con la fabbrica, mantenendo il lavoro solo pomeridiano a cottimo e non più assunto, così da potermi iscrivere al primo anno di ragioneria, una scuola scelta solo perché la più vicina per fare avanti e indietro tutti i giorni con la moto, sulla strada da Pontoglio a Chiari, con nebbia o pioggia, neve o ghiaccio... Ho dovuto troncarla a un mese dalla fine del primo anno perché mi è arrivata la cartolina-precetto che mi obbligava a partire per la leva militare. A vent'anni e mezzo, figlio dei miei tempi, sono salito sul treno solo con gli zoccoli di legno, blue jeans e maglietta, e i capelli lunghi sui quali s'è accanito un tenente col barbiere della caserma di Pistoia.

Quindici mesi di naja, che immaginavo buttati al vento, mi hanno invece regalato amicizie, la capacità di scrivere a macchina a occhi chiusi e battere e leggere l'alfabeto *morse*. Non mi sono sfuggiti anche certi aspetti assurdi dell'esercito. Un mese dopo mi è arrivata la notizia della promozione alla seconda ragioneria. Appena congedato, insieme a uno degli amici di squadra, Adriano Bonfadelli, abbiamo spedito indietro il congedo con l'annotazione di non richiamarci più perché rinnegavamo il concetto di patria che avevano pensato di inculcarci... e poi la testa mi è frullata in maniera inaspettata.

Ho ripreso la scuola approdando al ginnasio e al liceo classico del seminario di Brescia. Mi venivano bene un po' tutte le varie discipline, i numeri e la filosofia, ma prima ancora il latino e il greco mi chiarivano l'italiano, mi aiutavano a intendere quello che leggevo, quello che pensavo, quello che mi dicevano gli altri. Capivo meglio le parole e il significato delle frasi e dei ragionamenti... che prima non avevo in mano. Ero ignorante in tanti sensi e nemmeno lo sapevo. E così ho frequentato teologia, l'università dei preti, e sostenuto tutti gli esami.

Venuto in Calabria, ho seguito scuole di altro tipo: ho imparato insegnando io alle persone con disabilità che non sapevano leggere e scrivere, a giovani fuori di testa, a quelli che non volevano imparare; ma ho imparato anche a fare catechismo, a prepararmi le prediche e i convegni da tenere o partecipandoci, a leggere un sacco di libri. Studio ancora, mi aggiorno, e mi piace. Quasi quasi farei solo quello. Mi faccio scuola da solo per imparare meglio a scrivere, metto appunti qua e là sulle questioni da portare avanti e man mano, quando mi chiedono un articolo, un libro, un'intervista o altro, cerco di disporli al meglio. Tra libri miei e collettanei, articoli di riviste e ricerche, ho superato un centinaio di pubblicazioni. Dal 1999 insegno all'Università della Calabria e continuo a imparare proprio preparandomi le lezioni. Questo *curriculum* scolastico caotico mi aiuta a capire quando qualcuno capisce. Mi ci specchio.

E come rileggi allora la tua infanzia?

Ti dirò: nel *mix* di cose belle e brutte quelle belle s'impongono. A 11 anni ho cominciato a lavorare, ma mio padre non ha mai voluto che io andassi con lui né con altri a fare il muratore a Milano e nemmeno a svolgere un lavoro rischioso, anche se ben remunerato: io valevo di più. Se c'era da aiutarlo in campagna o al bar, non esitava... Lo stesso valeva per la pulitura delle rogge e dei ruscelli a fine inverno: ciascuno di noi ragazzini portava il badile da casa e gli stivali, e lavoravamo sodo per ore. I miei genitori intuivano che ero portato allo studio perché delle volte udivo mio padre parlare cogli amici di me e riassumeva dicendo: "Lui capisce, lui capisce".

Bella è stata anche la componente ludica. Col gruppo del vicolo c'è stata una forte intesa, anche perché i giochi che facevamo non erano tanto raccomandabili e dunque non raccontabili ai genitori. Beli, il mio attuale cognato, durante una combutta tra noi del Quarterazzo con quelli del Fiume, si prese un proiettile – quelle pallottole di piombo a punta coi piumini dietro, sparato da breve distanza da un fucile ad aria compressa – che si è portato per decenni nell'inguine... Per quanto riguarda me, invece, la banda di viale Dante, incontrandomi una volta da solo, mi catturò e mi legò a un pino, ber-sagliandomi con delle frecce che costruivamo coi ferri tolti dai teli degli ombrelli rotti. Dopodiché, avendomi contornato la testa e tirato tra le gam-be sette o otto frecce conficcate nell'albero, se ne andarono lasciandomi là fino a quando non riuscii a slegarmi da solo. Tornai a casa senza dire niente ai miei. Erano giochi del tempo: la stessa "vendetta" che ne doveva conseguire non era dettata da acre-dine o rabbia, ma da semplici dinamiche di gioco: oggi hanno catturato uno di noi, domani noi do-vremo dimostrare di riuscire a catturare uno di loro; così che il mondo gira... A uno più piccolo di me, una freccia d'ombrello si conficcò nell'occhio, che perse per sempre...

Chiaramente non ci rendevamo conto delle gra-vità e dei rischi: nemmeno quando nuotavamo sotto i ponti o in certi posti del fiume, o nelle rapide di *seriole* strette e buie. Oggi ho consapevolezza di aver corso da scemo rischi che mi guardo bene dal suggerirli a un ragazzino; magari racconterei di più i tuffi dall'alto di alberi, o le scivolate sul ghiaccio d'inverno mettendoci la cartella sotto il culo, come anche il prendere a palle di neve le finestre delle camere da letto a mezzanotte... ma sono tutti quan-ti giochi di bambini che hanno pur sempre rappre-sentato e segnato la mia fanciullezza. Alcuni anni fa, quando mia mamma mi vedeva rimproverare Niki, mio figlio, mi osservava in silenzio; ma poi, a parte, mi diceva solo: "Ti ricordi, tu alla sua età?".

Durante il periodo dell'infanzia abbiamo avuto dei lutti nella parentela e noi bambini e bambine, in fila, lasciavamo un bacio tenero ai nostri parenti morti sul letto di casa. Come se capivamo la solennità del lutto. Altri dispiaceri hanno riguardato dei debiti sporadici, che mio padre ci incoraggiava ad affrontare con determinazione e speranza...

Nel racconto hai fatto riferimento a una sorella...

Sì, più giovane di me; nei confronti della quale, ovviamente, avevo sempre ragione io...

Come sarebbe a dire?

Nel senso che se combinavamo un guaio insieme, io, più grande, sapevo inventare scuse più solide alla mamma, in maniera tale da far ricadere tutte le colpe sulla sorellina...

C'è qualcosa della fanciullezza che ti ha particolarmente segnato, nel bene o nel male?

Ho vissuto male il fatto di non avere potuto frequentare le scuole medie perché sono diventate obbligatorie solo quattro anni dopo... e quelli più piccoli sapevano più cose di me. Il problema non era tanto la quantità del sapere: è che io "gustavo" sapere. La contropartita è stata quella di raggranellare qualche soldo già a 11 anni con lavoretti varî, ma non mi soddisfaceva.

La tua vocazione sacerdotale si colloca già in questo tempo, quand'eri un fanciullo?

No. La testa svolazzava altrove...

IT

ADOLESCENZA

E la tua adolescenza?

In prevalenza l'ho trascorsa coi coetanei del Vicolo. Ci capivamo benissimo e poi, ovviamente, avevamo la ragazzina, mentre le ragazze del vicolo ammiccavano a quelli più grandi di noi... A 16 anni m'ero messo con una di 13, che però abitava di là del fiume e questo comportava entrare in foresteria, in territorio di altri, perché l'altra riva dell'Oglio non è più Pontoglio, sono bergamaschi. Hanno un altro dialetto e altri modi di dire. Attraversare di là comportava inevitabilmente dover fare a pugni con qualcuno, finché non ti guadagnavi un certo rispetto. Coi pugni, certo: abitando su rive opposte, come dice la parola, eravamo rivali "di natura". Non c'era un motivo, ma tra adolescenti si faceva così. Almeno tra i maschi, ci si approcciava in cagnesco. Vittorio, di due anni più grande di me, mi aveva dato delucidazioni sulle botte che aveva preso e dato ai coetanei di Cividate, e questo sarebbe accaduto anche a me: "Uomo avvisato..." dice il proverbio... Lo stesso era capi-tato anche a Italo, in un'altra zona. Sono cose che non racconti ai genitori, che sanno ma lasciano andare le cose così. Perciò dovevo passare anch'io per quella trafila. Ovviamente lo stesso trattamento era riservato a chi di loro "osava" venire a morose di qua... Avere la morosa era abbastanza normale, ma da adolescenti si trascorreva molto tempo coi compagni dello stesso sesso... E l'universo delle amicizie con le

IT

ragazze stava dentro l'area percorribile in giornata col motorino.

Per quello che hai raccontato prima, la tua adolescenza è caratterizzata anche da una vera e propria attività lavorativa...

Certo, mi tiro giornate di lavoro di dieci ore alle Officine Storm; spesso, però, entro nei turni regolari di un'unica tirata di otto ore: dalle cinque del mattino all'una oppure dall'una alle nove di sera. E poi si dedica tempo con una certa sistematicità agli amici (lunedì, mercoledì e venerdì) e alla morosa (martedì, giovedì e sabato)...

Tutto bene organizzato... e la domenica?

Di giorno ascolti le partite di calcio cogli amici, all'unica radiolina gracchiante... Mescoli più cose, tra cui seguire la squadra di calcio del paese, ballare al *matinée* o andare in gita coi motorini... La sera di domenica è dedicata alla morosa...

Insomma, una sorta di tipologia standard diffusa...

Sì, una tradizione fissa... se uscivi da questo *standard* voleva dire che qualcosa non funzionava: se prevaleva lo stare col gruppo degli amici si offendeva lei, se prevaleva il tempo con lei, gli amici ti tiravano in giro come uomo sottomesso alle donne... Se vuoi, rappresentava una sorta di controllo sociale abbastanza diffuso... L'adolescenza era un piccolo mondo pieno di vita e di sogni che ti tenevano sveglio.

Sogni... ne avevi tanti? e attese, speranze, qualche illusione?

Sì, avevo mondi dentro di me, ma non mi preoccupavo di decifrarli. Non mi chiedevo cosa avrei fatto da grande. Il mio, il nostro frasario, era solo dialettale, composto da poche parole. Fino all'età di 29 anni ho parlato quasi esclusivamente in dialetto: ciò significa che non soltanto le parole, ma anche i concetti da me conosciuti erano pochi o, meglio, era difficile esprimerli anche quando c'erano. Adesso, invece, pur avendone perse una buona metà di quelle parole dialettali, ci parliamo arricchiti di numerosi termini della lingua italiana e non solo. Sogni, attese, illusioni e speranze non hanno vocaboli immediatamente corrispondenti nel nostro dialetto, ma "dentro" di noi esistevano. Per esempio, "ti amo" non esiste: lo dobbiamo dire in italiano e suona artificiale. Abbiamo invece "ti voglio bene", che parrebbe riduttivo mentre invece è polivalente: può dire tutto l'amore del mondo come anche un piccolo sentimento senza impegno. Insomma, io "sentivo" tutte queste cose, ma non avevo le parole per dirle. Esse si muovevano in un alone fantastico che aveva a che fare sia con le fiabe che con alcune rare testimonianze eroiche che però – si capiva – si traducevano negli *slogan* diffusi dai partiti, dalla Chiesa, dai poteri in senso lato.

Durante l'adolescenza la fabbrica mi ha dato parole nuove, moltiplicatrici di idee e concetti. È lavorandoci che capisci presto che in qualche modo sei sfruttato e che occorre essere solidali e scioperare quando necessario. "Solidali" non è qualcosa

IT

che vale solo tra noi di questa fabbrica, ma con tutti gli altri che beneficeranno di un nuovo contratto, di un nuovo diritto, di un minimo di paga se ci si ammala... Però, queste idealità si scontravano anche all'interno della fabbrica, perché c'era chi non voleva scioperare ed entrare a lavorare per timore di non portare a casa abbastanza soldi per mantenere i figli: erano gli anni Sessanta e i conflitti aumentavano di anno in anno; si covava quello che poi chiameranno il Sessantotto... Ricordo le lotte, le riunioni preparatorie, ma soprattutto quei sindacalisti che venivano da fuori a spiegarci i nostri diritti e doveri: io restavo a bocca aperta sentendoli parlare come la radio. Ma non erano operai anche loro? Nei loro discorsi c'erano ideali che, in sintesi, riconducevano il tutto al disegno di un mondo più giusto per il quale valeva la pena ribellarsi e impegnarsi fin da subito: la "giustizia" nei rapporti tra padroni e operai, tra est e ovest del mondo, tra ricchi e poveri dappertutto...

Vuoi ricordare qualche figura di riferimento della tua adolescenza?

Non avevo figure di riferimento. Cercavo ideali più che personaggi. Ovviamente, quando qualcuno parlava in una certa maniera di Gesù, io stavo attento perché era chiara la grandezza della sua umanità. Adesso so anche che è Dio, "il" Figlio, e mi va meglio ancora. Ma i miei riferimenti adolescenziali erano idoli e *star*, anche strani, compresi alcuni inesistenti di celluloide, per dirla all'antica, o virtuali per adeguarsi all'oggi. Combinavo James Dean con

Doris Day, Luther King con John Kennedy, Gesù con papa Giovanni XXIII, Aretha Franklin con Elvis Presley, Fred Buscaglione con I Gufi, Pinocchio con Willy Coyote... La musica e la filmografia dettavano legge. Ammiravo seriamente i partigiani che hanno dato la vita per la libertà nella lotta contro il fascismo, e l'Anna Frank del *Diario*, uccisa pur avendo dichiarato guerra a nessuno.

C'è un momento della tua vita con cui identifichi la fine dell'adolescenza e in cui cominci a sentirti pienamente adulto, uomo?

Ho sentito la fine dell'adolescenza entrando in fabbrica, e ne ho avuto la conferma al ritiro della prima busta paga. Però non riesco ancora a mettere il paletto dal quale, da lì in poi, avrei cominciato a sentirmi pienamente adulto; cresciuto sì, ma di "pienamente adulto" non ho ancora le misure.

E quali sono state le tue letture fondamentali a quel tempo?

Tutte. Mi bastava leggere, anche *Tex Willer* e altri fumetti allora in voga. Finite le elementari mio padre mi ha abbonato per cinque anni a un mensile che in casa leggevo solo io. *Selezione del Reader's Digest* non era altro che la traduzione in italiano di una rivista tuttologa, statunitense, e i suoi articoli per me sono stati pillole di argomenti generali che indicavano personaggi, libri ed eventi che avrei mai incontrato né letto, ma fungevano da antenne su alcune questioni culturali, anche se prevalentemente *Yankee*. Esaurito l'abbonamento, mi misi a leggere libri a vanvera, senza criterio di scelta, ma mi sono piaciuti tutti. Ricordo *La ragazza di Bube* di Carlo Cassola per confrontarlo col film, *Jules e Jim* di Roché Henri-Pierre, che mi ha sprovincializzato, e *Antologia di Spoon River*, di Edgar Lee Masters, di cui avevo musicato alcune poesie, così com'erano nella traduzione italiana dell'Einaudi, che cantandole si sono impresse nella mia memoria. Anni dopo è arrivato il 33 giri di Fabrizio de Andrè *Non al denaro né all'amore né al cielo*, e mi son dato da solo tre pacche sulla spalla. Una cultura me la sono fatta anche con le immagini poetiche di canzonette e di testi di arie famose delle opere date all'arena di Verona, a due passi da noi.

Pur avendoli quotidianamente per i clienti del bar Acli, non leggevo i giornali. Ho iniziato invece a leggere libri con criterio intorno ai 19 anni. Durante la prima ragioneria, la professoressa di italiano, vedendomi fuori misura e fuori età, mi avvicinava negli intervalli delle lezioni, mi consigliava libri di poesia, di prosa, teatro... mi aveva dato da leggere *Piccola città* di Thornton Wilder, un testo impensabile per me... Leggevo avidamente tutto, e tutto mi danzava nella mente... Non era confusione perché le cose che imparavo mi stavano tutte presenti, e distinte... e collegabili...

C'è qualcos'altro che vale la pena di raccontare della tua adolescenza?

Certo: proprio una breve esperienza col teatro che, per quanto occasionale, mi ha fatto incontrare la recita, la finzione, l'importanza della dizione, l'estetica e l'espressività del muoversi sulla scena... L'oratorio imprestava il locale e il cartellone lo decideva una nota coppia di *gay* del paese da cui gli amici mi mettevano in guardia, ma m'incuriosivano. Uno era signorile e l'altro rude. Entrambi si atteggiavano a divi verso noi recitanti e comparse... Mi hanno trasmesso che il teatro va conquistato come linguaggio e arte, per cui una volta, studente di teologia incaricato di seguire dei gruppi giovanili, ho scritto un pezzo teatrale messo in scena coi giovani di Pontoglio, e rappresentato sia al paese che nel circondario...

Allora cosa pensavi che avresti fatto da grande?

L'operaio. Tutti questi sommovimenti fuori e dentro di me mi lasciavano la testa di operaio. Forse avrei potuto cambiare fabbrica oppure diventare operaio specializzato, con compiti creativi e non esecutivi... La scuola che avevo iniziato a frequentare non mi inquadrava nel mestiere del ragioniere, io mi eccitavo e calmavo a imparare cose nuove...

La tua testimonianza è fatta anche di determinazione, coerenza, senso della giustizia, coraggio: quali sono i suggerimenti che daresti a un ragazzo che intendesse seguire le tue orme...

Ai giovani di solito ricordo la loro verità: che ciascuno è già grandioso di per sé. Deve solo mostrarlo a se stesso, per crederci di più. Lo dico nelle messe e nelle riunioni, nelle aule scolastiche e nelle manifestazioni: siamo capaci di cose grandiose, umanamente grandiose!... Lo dico a chi sta immobilizzato su una sedia a rotelle, o che fatica a uscire dalla droga... Si può fare!... Anche in seguito a sconfitte e sbagli, io so *a priori* che posso riaccendermi. L'esempio sconvolgente, per un adolescente, credo sia la rottura di un rapporto di amicizia o d'amore. Chi si arrende viene segnato tremendamente. Ciononostante si può sempre cambiare e reimparare a vivere anche attraversando le sconfitte e i distacchi: in questo la personalità si forgia e si trasforma in meglio. Sono esperienze nelle quali tocca a te e a nessun altro superare l'ostacolo al posto tuo. "Vai, non rassegnarti!" suggerisco dunque a giovani e giovanissimi, ed essi capiscono e sorridono rassicurati che se andranno in *panne* io ci sono a dargli una mano.

Chi sono gli adolescenti e i giovani di oggi?

Appartengono a una generazione con molti più mezzi rispetto alla mia, ma hanno meno possibilità di farli fruttare concretamente. Di loro mi piace il modo disinibito di fare gruppo misto, li invidio perché allora noi stavamo più separati: gruppi di maschi con maschi e di femmine con femmine. Dovevamo rinvenire o inventare occasioni per mescolarci: la sala cinematografica, il *matinée*, i matrimoni e altri luoghi dove era tollerato abbracciarsi e fumare tra ragazzini e ragazzine.

Certo: io potei acquistare la moto con la mia busta paga, loro magari l'ottengono semplicemente facendo il compleanno, ma trovo che ci capiamo al volo sul valore che essi ripongono nei sentimenti, in particolare nell'amicizia. Mi sembra comunque che facciano più fatica a relazionarsi faccia a faccia, come non fosse una delle cose importanti dell'amicizia. Per esempio: piuttosto che parlarsi "si messaggiano"; e piuttosto che incontrarsi ricorrono a *skype*... Ma gioiscono dell'amicizia e soffrono dei tradimenti e delle delusioni in storie d'amore, esattamente come capitava a noi. Tranne questi aspetti, io mi rendo conto di non essere in grado di insegnare loro più di tanto. Come per la mia generazione, però, sono convinto che spetta esclusivamente a ciascuno di loro valorizzare gli strumenti di cui dispone per migliorarsi. Compreso il cuore e la testa. Sarebbe una tragica illusione se cercassero di migliorare gli strumenti, ma non se stessi.

Esistono a tal proposito delle strategie particolari?

Ce ne sono tante valide. Ogni adulto ed educatore dovrebbe fondamentalmente resistere alla tentazione di trascinare un giovane nei suoi mondi di adulto per trasmettergli i suoi gusti e desiderî. Al contrario, a me piace far accendere idee e ideali, dubbi e domande; mi piace accompagnarli a prefigurare un'esistenza di amore e libertà e lasciarli fare...

WELTANSCHAUUNG

Don Giacomo, cos'è la vita?

Non lo so. Ti potrei raccontare pezzi di vita, di *film* che cominciano e finiscono bene oppure male dopo un giorno o una settimana, ma la vita è più lunga... La vita di una persona è preziosa anche se io non la capisco. Certo che mi diventa più vera quando ci sto dentro, consapevole... Tutti sommati, i pezzi della vita fanno la vita: una grande soddisfazione e un'umiliazione, una grande felicità e un dolore, sudare e avere paura, vincere e perdere mi restituiscono la sensazione che sono io che vivo... ma una definizione teorica della vita non saprei fornirla.

E l'uomo? chi è l'uomo?

Secondo me, è qualcuno in grado di dire: "*Io* vorrei fare accadere qualcosa di umanamente significativo..."; è colui o colei che si mette in gioco per sé e per gli altri, per qualcuno che ama, per qualcuno che non conosce, anche per qualcuno che lo ostacola o per un nemico. È uno o una che fa le cose perché sente di amarle e si prende cura di ciò che vuole realizzare. Fa le cose giuste anche quando non lo verrà a sapere nessuno... in prima persona agisce, pensa e decide, soffre e sorride... ha dentro di sé queste cose come parti fondamentali del suo stile di vita.

Cos'è la morte: ha un senso?

Sul concetto non so proprio ragionarci. Una volta, in una settimana ho visto tanti di quei morti che nemmeno pensavo... Siamo al 21 novembre 1980 e nelle campagne di Lamezia Terme c'è stato un incidente coi treni, con 20 morti e un centinaio di feriti. Mi hanno chiamato a vedere quelle persone sconquassate, deformate e irriconoscibili, per poter eventualmente "riconoscere" qualcuno e avvertire i parenti. Due giorni dopo c'è stato un terribile terremoto in Irpinia e sono partito per Muro Lucano con un gruppo di volontarî e volontarie, e anche lì ho visto altre file di morti distesi uno accanto all'altro, uomini e donne e bambini, un bambino con la testa sfracellata da un masso... Non ti parlo della confusione con gli uccisi in Piazza della Loggia a Brescia nel '74. Per il resto ho visto persone morte, una, l'altra, un'altra ancora...: ho visto morire una ragazza di 25 anni per Aids, uno di 16 a causa della distrofia muscolare; un altro di SLA; un incidente ha portato via un padre ai figli e un marito alla moglie; sono stato accanto a mio padre mentre moriva all'ospedale...

Non so spiegare la morte... Sì, io sto lì lo stesso e il fatto di essere un prete non mi dà parole facili da dire in quel momento; anzi: caccio via io stesso le frasi fatte che i libri e certe preghiere mi suggeriscono. Ogni morte che guardo mi dice di me. Ci vedo la mia morte, la vedo dentro la mia vita, non alla fine... ché so che continua. Più volte, al termine dei funerali, i parenti mi ringraziano di aver detto le parole giuste, ma io so di essermi solo lasciato andare... Non so parlare della morte... Né alla morte. Meno male che c'è stata la risurrezione di Gesù:

e allora colloco la morte nel mezzo della vita, mi oriento sulla risurrezione e colgo che la vita è fatta oltre i due stadî vita-morte; perché è fatta di tre stadî: vita-morte-vita. Così vivo una vicenda umana che comincia con la vita e continua con la vita... per sempre...

Cos'è il dolore?

Dentro il corpo e la mente il dolore esalta contemporaneamente i tasti dell'umano e del disumano; si fa sentire indipendentemente dalla nostra volontà. Ci fa sorprese inaspettate... Certe volte non piango per non essere visto, ma dentro è il dolore che comanda. Col tempo ho imparato anche ad affrontarlo, lasciandomi aiutare da frasi di persone che mi hanno colpito. Per esempio, don Tonino Bello – presso il quale con alcune persone della mia comunità ho trascorso alcuni giorni a casa sua, nell'episcopio di Molfetta – mi ha regalato una frase verissima sul dolore. Il dolore, "la vera tristezza non è quando ti ritiri a casa la sera e non sei atteso da nessuno, ma quando tu non attendi più nulla dalla vita". Guarda, non immagini quanto mi abbia aiutato questa semplicissima frase!

E la gioia, la felicità?

Se la conosci, non la eviti; anzi ti accorgi che accade di frequente nella vita. Non è lo sbracamento né il ridere come ebeti: è una serenità di fondo che senti tua. Molte volte ti senti felice all'improvviso, pure mentre sudi, perché sei parte di un progetto, perché lo stai realizzando tu... Non è un caso che la mia esperienza in Calabria si chiama "Comunità Progetto Sud"; sono tre parole che seminano felicità. Provare per credere! C'è felicità a metter su comunità, gruppi e famiglie; c'è felicità a inventarsi e gestirsi un progetto; c'è felicità a battersi per un Sud più emancipato... Le prime volte che portavo al bagno una persona in carrozzina e dovevo pulirla arrivavo anche a chiedermi: "Ma che cavolo ci faccio io qui?"; però mi scoprivo appagato, felice. Ecco: tu puoi essere pure nella merda, ma essere felice...

La mia felicità la deduco dal vissuto che mi fa capire che io sono io... che sto facendo una cosa che un altro probabilmente non farebbe; ma io capisco che quella cosa è da fare perché mi fa essere pienamente me stesso... e felice. Fai quella cosa perché altrimenti tu non sei più tu e ti intristisci.

Che pensi del caso?

Penso che avviene proprio per caso, privo di qualsiasi intenzionalità umana. Non esiste il Fato o qualche irrazionale divinità religiosa che gioca con la vita delle persone... Credo nemmeno che la storia dell'umanità evolva casualmente, tutt'al più distrattamente. Questo non lo affermo per sostenere che noi, uomini e donne, popoli di civiltà semplici o complesse, scienziati o analfabeti, potenti o fragili che sia, governiamo tutto ciò che esiste. Anzi! Noi nuotiamo in un tutto più grande di noi, che ci supera; ma siamo noi che nuotiamo, che ci mettiamo a galla, che ci dirigiamo verso una riva o verso un'altra... Stiamo dentro la natura, i saperi e i poteri.

Oggi, poi, tutti sappiamo di stare dentro a "questa" globalizzazione e a indefiniti condizionamenti... ma ciascuno di noi, da solo e insieme ad altri, possiede la capacità di nuotare e remare per orientare il proprio destino e il significato della propria vita. Siamo persone e possiamo lottare per costruirci le nostre personalità... Il caso accade quando "lasciamo che sia", ma i soggetti che "lasciamo" siamo noi stessi. Lasciarsi vivere a caso è vivere a casaccio, è sottomettersi ad altri e ad altro, è scegliere di non scegliere di vivere umanamente: ma per rimanere umani penso che ciascuno di noi debba sempre diventare l'autore della propria vita.

Che idea ti sei fatto, a prescindere da Dio – fino a che per te questo è possibile –, circa l'infinito e l'eterno?

Più che un'idea è una contemplazione, perciò ti offrirò delle spiegazioni non spiegazioni.

L'infinito di Leopardi ha rappresentato per me un testo di riferimento e di confronto in più occasioni; perché quello che non riusciamo a definire – ma ci affascina – sfocia spesso in poesia... L'infinito mi appare un qualcosa di indefinito... ciò di cui non ho parole per spiegarmi con precisione. Non ne ho nemmeno il concetto. Me ne accorgo più volte predicando in chiesa. Infinito mi fa pensare a qualcosa di esteso, a uno spazio e non a qualcuno. A cose, non a persone... Eterno, invece, mi fa pensare all'essere, all'esserci di qualcuno, di persone. Andiamo in metafisica. Mi suggerisce l'esserci per sempre e mi attrae. Anche in questo caso, non ho parole né concetti adatti. So che io e te abbiamo questa statura, siamo eterni... e non perché siamo bravi noi, ma perché c'è un Dio, per me il Dio di Gesù, che ci ha inventati così.

Qual è il tuo rapporto con la Natura?

La mia prima constatazione è quella di viverci dentro. Fin da piccolo, con la campagna, l'acqua e la nebbia, l'ho constatato coi miei occhi, con le mie mani, col vedere piantare, spuntare, crescere, esplodere il grano e il granoturco... Non ti dico del baco da seta che mia nonna trattava con una delicatezza che nemmeno ti saprei descrivere. E i giochi d'acqua del mio fiume, delle *seriole* e dei ruscelli che nelle nostre campagne si governano con chiuse e dighe artificiali; così anche per generare cascatelle e produrre energia elettrica alle fabbriche. Vedi, la natura la sento, "mi dice"... Se non amata, so che va rispettata, anche perché è incapace di perdonare: il danno che le fai te lo ributta tutto addosso: è solo questione di tempo.

Il mondo animale, poi, è natura ancora più viva. Sui 25 anni avevo incominciato a nutrirmi da vegetariano, ma ho dovuto smettere perché mi indebolivo troppo (e il medico mi ha anche vietato di donare il sangue perché non c'era panino con bistecca e bicchiere di vino che tenesse. Appena tolta la siringa col sangue tirato dovevano capovolgermi per farmi rifluire il sangue alla testa... perché ho la pressione sempre bassa). Ho continuato a "mangiare i morti", per come mi deridono dei vegetariani amici della comunità intenzionati a crearmi

IT

un senso di colpa (è il caso di Goffredo Fofi); ma io rimango convinto che la natura vada curata il più possibile; e che, però, ciononostante, questo non debba avvenire mai a scapito delle persone. Posso dirti che una delle tre parole chiave della *mission* della mia comunità è "ambiente", cioè il creato, la Natura.

E in quanto totalità, come ti appare la Natura: come un tutto ordinato, ossia come un "cosmo", oppure come un totale disordine, un "caos"?

Direi un cosmo che viene trasformato in caos, un mondo schizofrenicamente avvelenato da persone e gruppi, per ignoranza e affarismo... Ritengo però opportuno aggiungere che una qualche forma di caos viene causata anche dalla Natura stessa su se stessa. Certi diluvî, terremoti, *tsunami*, cambi climatici, valanghe e altri disastri non vengono tutti provocati dall'uomo. La Natura non si autocorregge sempre, è addirittura sottomessa alla legge dell'entropia. Perciò, per esempio, se per mantenere alte e belle il più possibile nel tempo le Dolomiti potesse servire un intervento artificiale, intelligente e rispettoso sulla Natura, io mi ci metterei... Così come se aumentasse repentinamente la popolazione dei topi sulla Terra, credo che non possiamo esimerci dal dare noi una mano sapiente alla Natura per ristabilire un equilibrio generale: ecco, per un controllo delle nascite dei topi, qualora occorresse, io aiuterei...

Cos'è, chi è per te Dio, a prescindere, ancora una volta – e nella misura in cui questo è possibile – dalla rivelazione, dalla tradizione ebraico-cristiana di cui sei un sacerdote?

Suppongo che un'idea della divinità meno infantile di quella che avevo in testa da piccolo me la sarei fatta gradualmente, a prescindere dalla mia vocazione sacerdotale... però non so come sarebbe andata a finire. Tuttavia, penso di indicare o chiamare qualcuno "Dio" soltanto nella misura in cui gli possa associare la caratteristica di eternità, di Eterno, di *vita per sempre*... ma anche che abbia in sé il principio di giusto e di ingiusto, di bene e male... Sono caratteristiche presenti in figure e testi di diverse religioni.

Senza addivenire a miscugli insulsi, mi pare che nelle varie rappresentazioni religiose del divino ci siano dei modi di avvicinarci a figurarli in maniere non blasfeme e che probabilmente mancano alla tradizione ebraico-cristiana... la quale a sua volta ha cose meravigliose da annunciare alle altre.

Chi sono per te i fondatori di religione: Buddha, Gesù, Maometto...

... e altri ancora, quasi tutti al maschile. Non lo dico per polemica, ma questo dato provoca un dubbio che rode. Andato in seminario mi sono messo a studiarli e compararli... Per darti un'idea, l'ultimo studio che ho fatto a questo riguardo è su un libro della Queriniana che tratta delle diverse scuole spirituali di questi e altri fondatori di religione. Il titolo in italiano è semplice: *La spiritualità: forme, fondamenti, metodi*, ma il nome dell'autore è impronunciabile: Kees Waaijman, e le pagine sono ben 1.147. Questi fondatori di religioni sono personaggi di grande umanità, esperti di relazioni, conoscitori di ascetismo e di mistica. Hanno navigato dentro se stessi, incontrato il "loro" Dio o – come Buddha – il proprio risveglio interiore; e quindi hanno fondato movimenti, scuole, religioni, chiese... Direttamente o indirettamente hanno determinato politiche e poteri non solo spirituali. Dai loro seguaci sono stati interpretati anche in maniera non sempre coerente. Vi trovo paradigmi diversi anche su questioni fondamentali quali la persona, lo Stato, i maschi e le femmine, la legge o l'amore, le caste e altro ancora...

Certo, io ho approfondito di più la *Bibbia* e in particolare la figura di Gesù, i suoi messaggi su Dio il Padre, Dio e Cesare, Dio e il denaro, Dio e i poveri, lo Spirito e la Chiesa... Io credo che approfondire la spiritualità, unitamente alla dottrina e alla storia effettiva delle religioni, possa far bene alla gente di oggi: di ogni età, a ogni latitudine e anche in Vaticano.

Qual è il tuo rapporto con il Gesù della storia?

Se Gesù non fosse il Figlio del Dio cristiano mi conquisterebbe lo stesso, perché è lui che affascina: la sua breve storia ricca di umanità e di risurrezione in Terra... La sostanza del suo messaggio non risultava facile da recepire agli apostoli, figli di quella tradizione ebraica nei confronti della quale

Gesù opera, per molti versi, un capovolgimento netto: penso all'importanza che egli dà all'uguaglianza delle donne, al valore dei bambini, alla beatitudine dei poveri... Ci sono alcune cose che gli apostoli hanno dovuto tramandare perché Gesù avrà fatto loro veramente una testa così... perché non avevano da prendere appunti... udivano da lui cose chiare e inedite e per le quali occorreva prestare ascolto e avere il dono della fede. Davanti a Gesù non ho più argomenti per scappare altrove...

Che cosa è vivo e che cosa è morto del cristianesimo...

Secondo me è morta la cristianità, ovvero quei mondi dichiarati cristiani per tradizione. Sono morti i santi e le sante vuoti di presente; così come certi precetti fuori tempo e fuori luogo. Noi preti ci possiamo sbracciare all'infinito, ma è morto anche l'ossequio a una gerarchia ritenuta maestra in tutto. Io poi spero che muoia la carità pelosa e offensiva, la tesi bacata che se sei nato in Italia non puoi non dirti cristiano, e altro ancora... È morto il parallelismo tra manifestazioni oceaniche e fede genuina.

Ciò che è vivo del cristianesimo è poco ma è il buono che c'è in giro, riconosciuto anche fuori della Chiesa: sono le beatitudini, è ciò che di antico e di nuovo è vivo e vivificante ed esprime verità seducenti semplicemente perché vanno all'essenziale della vita umana.

Che cosa è vivo e che cosa è morto delle grandi ideologie: il liberalismo, il comunismo? a quale ti senti più vicino e perché?

A me pare che le grandi ideologie siano state ridotte a pezzettini dai loro stessi seguaci. Il liberalismo – in seguito alla nascita della borghesia e all'uscita del mondo occidentale dal Medioevo – ha messo a tema l'emancipazione dei diritti civili, politici, sociali, così come ha problematizzato situazioni individuali e sociali inedite, fino ad allora impensabili. Così anche la nascita dei movimenti socialisti e poi delle ipotesi comuniste di governo degli Stati e dei mercati, anche se mal realizzate... portavano in sé una ansia di giustizia e di uguaglianza in reazione alle distorsioni causate dal liberalismo.

Non vorrei semplificare troppo, ma di queste ideologie sembrano morte proprio le migliori aspirazioni: la libertà a più facce del liberalismo, e l'uguaglianza nella giustizia sociale del comunismo. Entrambe hanno sottovalutato la terza parola-*slogan* della Rivoluzione francese, cioè la fraternità come elemento essenziale e non secondario per poter costruire compiutamente sia la libertà che l'uguaglianza... Io spero che la fraternità dimenticata venga rivalutata nella logica dell'amore, altrimenti la libertà e l'uguaglianza continueranno a rimanere mera formalità nella vita delle singole persone e dei popoli...

Queste ideologie rimangono apprezzabili, ma vanno tenute sotto esame. Se le assumiamo solo teoricamente, è assodato che il liberalismo in generale contiene aspetti validi, ma non convince in alcun modo la tesi presente nelle sue varie correnti secondo cui il mercato *tout court* accresce le civiltà e le economie. Il mercato è anche molto incivile. È capacissimo di suicidare la libertà dello stesso libero mercato che esalta, perché è un potere anche a sé stante. Perché, come insegna un suo illustre rappresentante, von Hayek, la capitalizzazione dei mezzi in poche mani, "una qualsiasi forma di controllo economico che conferisce potere sui mezzi, conferisce al tempo stesso potere sui fini". Pur sui fini degli stessi capitalisti... Ce lo dimostra anche la bolla finanziaria che ha provocato una crisi mondiale danneggiando sia i lavoratori e le lavoratrici insieme ai proprietarî delle imprese...

Cambiando ideologia, ce lo dimostra anche la porzione di mondo che si è ispirata al comunismo. Penso ai tanti cinesi in Cina o in Italia per i quali il mercato non è affatto il lavoro, non è libertà, non è dignità umana, e si sta mangiando quell'ideologia che pur ha cambiato la loro storia... Come si può dire che la Cina è comunista?

Alcuni valori del liberalismo e del comunismo andrebbero ripensati in grande. Non sarà facile, ma la libertà e l'intraprendenza economica, come i diritti umani e la socialità, non dovrebbero andare perdute, anche perché oggi abbiamo un nemico comune che è rappresentato da un'ideologia più sottile, pubblicamente sponsorizzata da nessuno, ma praticata effettivamente dalla stragrande maggioranza: è l'ideologia del cosiddetto tecno-nichilismo globalizzato, contro il quale c'è un sacco da fare e da pensare, insieme, per cercare di rimanere umani.

IT

Guardi con fiducia ai progressi della scienza?

A me la scienza è sempre piaciuta. Ho solo delle riserve per come viene utilizzata e manipolata da qualcuno, da ditte o poteri... Su questo sono un po' critico perché ho imparato che il sapere umano non è solo quello scientifico. Al di là di Pascal e delle sue *ragioni del cuore*, la sapienza umana fa tesoro di tutte le conoscenze scientifiche, specialmente dei processi logici, ma apprende anche dall'esperienza, dall'amicizia, dal dolore, dalla fiducia, dalla cattiveria, da sentimenti che non sono totalmente decodificabili dalle scienze empiriche. Studiando in seminario, poi, aprivo le orecchie ad ascoltare il professore di filosofia che ci illustrava il ruolo di alcuni famosi scienziati italiani, ricercatori sull'energia dell'atomo, i quali andavano alla base militare di Los Alamos in bicicletta mentre il generale statunitense ci arrivava con un macchinone, seppur non capisse nulla di formule scientifiche. Ci diceva che la scienza è importantissima, ma bisogna possederla in tutto ciò che essa comporta. Infatti i nostri scienziati sapevano "come" poter costruire la bomba atomica, ma il generale sapeva "perché" gli USA volevano usarla: per bombardare Hiroshima e Nagasaky. Sto parlando di 70 anni fa, ma la morale della favola sulla scienza mi pare ancora uguale, e forse si va aggravando...

Alcune scoperte scientifiche pretendono, però, purtroppo, di portare noi a eseguire ciò che esse richiedono. Gli stessi scienziati vengono detronizzati dai loro prodotti scientifici. Pensa ai giovani che, se l'automobile di papà può andare a 300 all'ora, sono tentati di tirarla a 300 all'ora anche sulle strade normali. Vi sono prodotti sconfinanti nel disumano, per cui diviene necessario porre dei limiti a un loro uso indiscriminato. Penso proprio che occorra riscoprire l'etica e, per certe situazioni, chiedersi cosa vogliamo *decidere di non fare* tra tutto quello che la scienza ci propone, quella scienza che scopre medicinali che però vengono prodotti e commercializzati da multinazionali che di buon grado – pensa agli Stati nei quali Aids, Ebola, come anche la curabilissima epatite o la polmonite e altre malattie – ingenerano ingiustizie e disuguaglianze, calpestando il diritto alla salute e la dignità umana in cambio di soldi...

E allora lì ci vogliono dei limiti...

Sì, ma non alla ricerca scientifica, bensì alla disumanità messa in atto da coloro che usano la scienza contro i deboli e i bisognosi...

IT

MODUS VIVENDI

Che valore hanno, a partire dalla tua esperienza, gli affetti in generale: l'amore, l'amicizia...

Sono il succo della vita, il fiume che contiene i milioni di attimi della vita... Sono dimensioni che mi piacciono, che mi reggono dentro e fuori e mi fanno stare bene. Anche quando complicati, gli affetti contano... Al contrario, le situazioni anaffettive mi gelano perché spesso rasentano la logica delle relazioni strumentali, vale a dire di rapporti finalizzati a interessi ritenuti più importanti delle persone; mentre le relazioni affettive sono pervase anche di *feeling* e di gratuità...

A partire dalla tua esperienza e dalla tua formazione, puoi dire che valore hanno avuto la famiglia, la scuola, le istituzioni educative? l'educazione in generale?

Hanno rappresentato valori reali, significativi; sia quando mi hanno lasciato eredità positive che negative. La famiglia la sento ancora anche a più di mille chilometri di distanza. Così vale per gli amici di un tempo... Questi valori mi sembrano un po' come i sassolini che marcano il sentiero nella favola di Pollicino: tengono vivo un collegamento, una continuità interiore. Fanno da specchio al mio saper stare anche da solo – che ritengo importante per apprezzare se stessi e ancora di più per gradire l'esistenza degli altri in generale (gli amici, la morosa, i colleghi di lavoro, nel reparto in fabbrica...).

Ho colto meglio l'istituzione famiglia, il ruolo dei genitori, nei momenti in cui mi hanno aiutato; quando chiedevo cose forse al di sopra delle loro possibilità: per esempio, quando, all'età buona per metter su famiglia, ho lasciato il lavoro per provare a studiare da prete... Percepivo un brivido in quella fiducia a senso unico verso di me...

Sai già che le scuole per me sono state come gemme sparse. I miei studî fuori corso hanno trovato sintesi più tardi. Ciononostante, insieme al bagaglio formativo, mi sono portato via amicizie sincere con alcuni compagni di classe. Durante le scuole elementari c'era il ritornello che la maestra era una seconda mamma, ma io la percepivo un'adulta come un'altra; solo che lei mi insegnava a leggere e scrivere e mi dava i voti. Sentivo il rispetto per un'adulta dedicata a noi piccoli, che aveva anche figli suoi e il nome che non girava sulla bocca di tutti nell'elenco degli insegnanti sfaticati.

Avrei cose da dire anche delle varie caserme frequentate durante i 15 mesi di naja, in un'istituzione tanto balorda come l'esercito dove la vita prendeva senso soltanto nell'amicizia tra noi soldati di leva. Avevamo nemici addirittura nei coetanei che mettevano la firma per fare carriera militare! Pure in prigione m'hanno mandato...

A Pontoglio, dopo essere andato in seminario, ho vissuto il lato caldo delle iniziative parrocchiali, tra le quali l'avvio del primo Gruppo Estivo (Grest) coi piccoli e gli animatori, il teatro e gli incontri motivazionali cogli adolescenti del paese — che, durante la preparazione a condurli, mi accorgevo di crescere io stesso... Santino, uno di questi adolescenti, me

Io sono visto arrivare un giorno alla Comunità di Capodarco – dov'ero io – e da lì ha progettato una comunità di vita e varie attività sociali in Trentino.

Di valori associativi, prima di tutto ciò, conoscevo solo quelli del gruppo dei pari. A Pontoglio esistevano solo l'Azione cattolica e le Acli, ma se togliamo le Acli per talune riunioni interessanti non erano roba dei ragazzi del vicolo... Avevo trent'anni quando ho avuto a che fare coi miei primi *boy scout*, quelli di Lamezia Terme venuti alla Comunità di Capodarco. Non si offende nessuno se dico che ci siamo capiti al volo anche perché erano senza uniforme? Ho intrecciato facilmente amicizie e affetti...

Al seminario di Brescia invece farei un monumento. Ci sono entrato durante il periodo in cui le lezioni, i ragionamenti e la disciplina si alimentavano dei risultati del recente Concilio Vaticano II, per cui i dibattiti, e anche i battibecchi (dei quali conoscevo solo le cose nuove e non le vecchie) mi colpivano perché i temi e i loro contenuti riguardavano cos'è il prete, quali regole lo circoscrivono e tutto ciò che mi scottava dentro... In quell'istituzione di cemento grigio scaturivano franche relazioni coi ragazzi – i seminaristi –, ma anche coi professori, tutti preti... Insomma, direttamente e indirettamente, mi aiutavano a capire la Chiesa di fatto oltre a quella che dovevo studiare sui documenti. Mi servivano a riconnotare e ricollocare quella che era la mia esistenza sospesa...

L'educazione ha un ruolo decisivo nelle società odierne?

Certo che ce l'ha, a patto che non la releghiamo nelle scuole! "Educare" è davvero un *infinito presente*. Dove funziona fa crescere persone e popoli, dove non funziona vedi irrimediabilmente abbruttirsi la vita e l'insediamento circostante. Dove si cura l'educazione si cura l'individuo, non si viene lasciati soli... altrimenti che educazione è?... Cresce chi viene educato e anche chi educa, si riconoscono tra di loro (anche senza dirselo) in un circuito di dinamiche costruttive, perché non decide la differenza di età: insegna non solo chi è nato prima, ma chi ascolta i ragionamenti, i sentimenti, i desiderî dell'altro... Non si educa affatto tentando di trasferirgli un pacchetto di conoscenze scolastiche come si trasferisce un *file* col *computer*. L'educazione, per quanto ho appreso, riguarda il tutto di noi, la mente come lo spirito, la sensibilità come la corporeità, ma anche gli stimoli a vedere, a meravigliarsi, a gestire le paure e le decisioni, il procedere da soli oppure insieme o contro gli altri, divenendo persuasi di poter dire: "Io sì" oppure "Io no"...

Quando ho compreso la forza dell'educazione – in seguito all'aver in affido dei compiti formativi rivolti a gruppi parrocchiali o a ragazzi dell'Azione Cattolica – mi sono attrezzato per potermi collocare all'altezza del compito e inoltre perché avevo compreso che l'educazione riguardava pure me da un punto di vista relazionale e non solo contenutistico e tecnico. È stata una lampadina che mi ha illuminato dentro e mi ha fatto scorgere il piacere (anche se talvolta doloroso) di esplorarmi "dentro" e di sperimentare su me stesso processi di autoeducazione. Per esempio: digiunavo per imparare a capire cosa vuol dire avere fame; stavo ore in silenzio per educarmi all'ascolto; pregavo a lungo per captare se fossi portato ad andare in un monastero di contemplazione; e così via.

Ci sono delle persone di riferimento nella tua quotidianità?

Sì, e potrei elencarne tante. Ho incontrato tante persone solari, figure belle, e credo d'avere colto certi loro aspetti validi, come anche ho visto aspetti stolti in altre persone. Entrambe le cose, in fin dei conti, aiutano a discernere. Dopodiché mi sono sforzato di far tesoro degli aspetti buoni e utili, e vedo che funziona. Coloro che sono via via divenute persone di riferimento per me, le vedo in azione quando soccorrono i più deboli, quando si aprono all'accoglienza, quando donano tutta o un po' della propria vita agli altri, riuscendo, in questo, a non ingenerare in chi assistono un sentimento di umiliazione o di inferiorità. Anche quando svolgono le prestazioni più intime, quali vestire, cambiare il pannolone o accompagnare in bagno...

Sì, le persone di riferimento della mia quotidianità sono tante; e molte di loro nemmeno sanno di esserlo...

Si sarà capito che mi piace curiosare, spiare quasi, quello che gli altri fanno: non per carpire chissà quale trucco, ma semplicemente per capirle io, per capirle meglio esistenzialmente ed emotivamente, per leggerle "dentro"... e ho notato che sono persone dotate di una buona dose di serenità interiore...

Ci sono dei testimoni viventi, che secondo te meriterebbero una maggiore visibilità e notorietà, così da essere portate come esempio da seguire per gli adolescenti e i giovani...?

Ce ne sono tanti... ma piuttosto che nomi e indirizzi preferirei fornire degli *identikit*. Sono giovani che si dedicano con convinzione ai propri ideali; altri giovani aprono spazî nel mondo del lavoro, e altri ancora cercano anche il senso della vita... Ci sono persone sulla sedia a rotelle che fino a ieri si deprimevano in continuazione: "Sono il più sfortunato, il più sfigato del mondo!", ma che adesso hanno capito di contare in quanto persone, con tanto da dire della vita e tanto da dare a casa loro, agli amici, alla società civile e alla parrocchia: e lo fanno... Lo fanno non per dimenticare l'*handicap*, ma per rompere le barriere erette dai pregiudizî. Si potrebbe dire lo stesso di ragazzini e ragazzine *rom* che convivono in una società che non è la loro, e non li vede se non quando i giornali e le televisioni annotano l'ultimo furto. Però io ne conosco tanti che vanno a scuola timorosi di quelli che non siano della loro etnia, perché più forti e protetti di loro. Alcuni hanno frequentato solo le elementari – come me – ma vivono un'adolescenza priva della fiducia che avevo trovato io... Ci sono anche giovanissimi stranieri, ancora minorenni ma senza famiglia i quali, dopo aver attraversato guerra, fame e sete, deserto e mare, càpitano in mezzo a una dozzina di scalmanati che gli urlano in faccia: "Tornatevene nella savana!"; e si interrogano se dovranno proprio "integrarsi" con quelli lì... Mi sembrano esempî di giovani che non rinunciano alla dignità che hanno scoperto di avere. Oltre che a salvarli dalle acque, noi siamo invitati dalla storia a fare fratellanza con loro. Essi meritano più visibilità, almeno per la motivazione e il coraggio di essersi avventurati a venire fin qui.

Hai già fatto riferimento alla tua vocazione sacerdotale: potresti raccontare quando e come è nata, visto che m'è parso di capire che eri anche fidanzato...

È che m'è venuto in testa all'improvviso... non so perché, ma si è piantata in testa un'idea insistente di fare il prete, come se io fossi diventato due io... La prima settimana non ne ho fatto cenno a nessuno, ma l'idea martellava e scatenava la fantasia. Come facevo? Sono poi andato anche dal parroco del paese: è rimasto di stucco e ha detto che potevamo parlarne... Lo accennai ai miei che reagirono in maniera diversa: mio padre a testa bassa per dire no, mia mamma commentò: "Vedremo..."; e calò un silenzio che bloccava tutto. Con gli amici parlavo di tutt'altro, ma, ovviamente, lo dovevo dire alla morosa la quale, tra l'altro, rispose di inventarmi un'altra scusa...

Dunque era un rapporto che durava da alcuni anni...

Sì, tra le poche cose che conoscevo dei preti, sapevo però che non si sposano... Insomma, non mi immaginavo nei panni di un prete, nelle ignote giornate di un prete. Sentivo di dover dare sèguito a questo problema o vocazione e, nemmeno in due mesi, il parroco mi ha accompagnato a iscrivermi alle scuole del seminario. In prova...

Da come la racconti sembra quasi una storia pacifica... Ma c'era dentro un conflitto oppure una forte motivazione ideale; insomma era una vocazione o mera curiosità?

Hai presente quando sei costretto a scegliere tra due cose valide? Che ti attraggono tutte e due? Anche con lei, la mia morosa, ne parlai in questi termini: dovevo scegliere tra una situazione che mi attraeva e l'altra che mi attraeva. Non stupirti, perché anche tempo dopo, specialmente in occasione dei riti di passaggio che si facevano in seminario (accolitato, esorcizzato, lettorato, ostiariato, suddiaconato) io non c'entravo. Facevo gli esami scolastici; e a chi mi chiedeva cosa stessi a fare lì, ci pensavo ma non trovavo la risposta definitiva... Cercavo...

Ti dispiace se insisto sulla faccenda chiedendoti di renderla ancora più comprensibile? Hai parlato della tua relazione affettiva come di qualcosa di bello, che ti piaceva e di cui eri convinto... ma non è che nel corso di tutti quegli anni si era trasformata in una specie di stantìa routine?

Questa domanda faceva parte dell'elenco di quelle che il padre spirituale rivolgeva a quelli che come me entravano adulti in seminario. Ti chiedeva: "Lei ti annoiava? Ti ha lasciato lei? Ti piacciono gli uo-

IT

mini? Avevi lavoro? Sei timido? Ti capisci con gli amici?". E così via... Me la faceva ricordare di più. Pensa a giovani pieni di vita e un po' pepati nel-l'incontrarsi e anche nello scontrarsi... Più tardi ho imparato che queste scelte difficili si chiamano di-lemmi: è un dilemma dover scegliere tra due cose belle, come è un dilemma essere obbligati a sce-gliere tra due cose brutte; "devi" sceglierne una ed escludere l'altra. Devi scegliere anche di esclu-dere! Insomma, mentre a raccontarla sembra una cosa facile, la verità è che ho sofferto anni per e-scludere...

E ti posso chiedere come finì per la morosa? se ne fece una ragione? comprese fino in fondo le tue di ragioni o come? la delusione amorosa, in qual-siasi modo si dispieghi, è pur sempre un passaggio difficile...

E io posso avvalermi della facoltà di non rispon-dere?

E allora stiamo al corso degli eventi... Ti chiedo: questa cosa bella che è diventata il tuo sacerdozio dà ripetutamente testimonianza di sé, come cer-cheremo di scoprire fra un po'; ma quali caratte-ristiche deve avere, oggi, a tuo giudizio, un buon sacerdote?

Come si fa a suggerire qualcosa alla fantasia di Dio e degli altri preti? Tantissime caratteristiche già note a tutti sono buone, ma non puoi pensare di inclu-derle tutte dentro una persona o personalità di un unico prete. Penso però che non si possa fare a meno di alcune di esse, sia che il sacerdote viva in Calabria o in Lombardia, in Europa o in uno degli altri continenti del globo... Perciò, tra le prime metterei la relazione fraterna col prossimo, con attenzione speciale verso le persone fragili, in difficoltà, incasinate. La relazione con chi sta in difficoltà spesso si tramuta in servizio, e dunque richiede una competenza per aiutare gli altri a capire e a emanciparsi anche dal prete che li aiuta, da te...

Una relazione amorevole è essenziale per umanizzare noi preti allo stesso modo di ogni persona. Le relazioni umane di Gesù ce la dicono tutta, così come la sua relazione con l'Assoluto, col Padre... Ai primi posti metterei anche la spiritualità, la vita nello Spirito. In un libro pubblicato dalle Paoline, dal titolo *Diario spirituale perché materiale*, ho cercato di spiegare che vivo la spiritualità quando prego, durante i ritiri e gli esercizî spirituali, le celebrazioni eucaristiche e la salmodia del giorno – com'è abbastanza ovvio che sia –, ma spiritualità è per me anche mettere a letto una persona in carrozzina, lavare i piatti, affrontare una chiacchierata che mi fa andare fuori di testa, tirare su un bambino o una bambina, insegnare pazientemente a chi capisce con difficoltà.

Spiritualità è anche battagliare contro una Regione che discrimina una categoria di cittadini, o anche avversare un'Azienda sanitaria che non si preoccupa degli ammalati: vale a dire cose materiali che sono profondamente umane, cioè profondamente spirituali... Spiritualità è tenere insieme entrambe queste cose. È scorgere le ricadute delle cose concrete sulla spiritualità, e viceversa le ricadute della spiritualità sulle cose concrete: sul lavoro, sull'economia, sul potere, sulla vita civile...

Posso chiederti che ruolo ha la preghiera nella tua quotidianità?

Come fai a saltare un giorno senza elevarti da terra? C'è una preghiera fatta di boccate d'aria regolari, cioè quella stabilita nei giorni e nelle settimane... si può dire: *standard*?

Credo di sì, se lo dici tu...

E poi ci sono altre preghiere, o meglio altri modi di pregare: ciò che faccio mentre guido l'automezzo, mentre sto tra la gente, mentre preparo l'omelia chissà dove e mentre la predico in chiesa, quando elaboro il *power point* per una lezione e quando la spiego in aula. Il seminario mi ha formato a una spiritualità costituita non solo dagli orarî della preghiera, come un pezzo a me interiore, ma anche come un tutto di me, e di me con Dio, e con l'umanità. Ho imparato che si può pregare sempre, che non vuol dire recitare le preghiere. Per questo so che non esagero a chiamare preghiera le formule ufficialmente riconosciute e certe mie chiacchierate – anche sconclusionate – con Dio... ma sai quante cose escono?

Quali rinunce e quali gioie riserva – a partire dalla tua esperienza – la vita sacerdotale?

I&T

Rinunce e gioie vanno a braccetto nella vita sacerdotale. Le gioie sono grandi, e anche le rinunce riguardano beni grandi... Quando un prete riesce a costruire una situazione soddisfacente in una comunità parrocchiale o in un movimento, la sua vita sacerdotale fila via serenamente. Intreccia relazioni e amicizie dove le gioie e i dolori trovano senso di accadere. Fin dalla sua formazione ogni prete impara che è gioia e dolore annunciare il *Vangelo* della risurrezione e della croce. Sa di andare come un agnello in mezzo a lupi, sa che è inviato non a divertire e raccontare barzellette, ma a incarnarsi nella vita vera... che riserva gioie vere e rinunce altrettanto vere. Tanti distacchi, peraltro, sono necessari per maturare...

Il sacerdote viene ordinato e incaricato di annunciare il *Vangelo* e di "fare chiesa" insieme ad altre persone, condividendo gioie e rinunce. Sa di essere chiamato ad amare appieno tutte le persone della sua parrocchia ma, nel vero senso della parola, riuscirà ad amarne sì e no qualcuna mentre amerà le altre sentimentalmente e spiritualmente. In qualsiasi caso, deve mettere in conto gioie e sacrificî quali dimensioni grandi della vita, della sua come quella di tutti e tutte.

Penso che nelle relazioni umane il prete dovrà avere coraggio... Sa *a priori* che più si troverà bene in un luogo o in un ruolo, più soffrirà quando, presto o tardi, verrà trasferito. Dovrà saper amare quella sofferenza... dovrebbe detestare di viverla con indifferenza. Non pochi preti si trovano da soli davanti a questo evento che appare come una rinuncia senza gioia. Lasciare tutto e cambiare parrocchia e parrocchiani ti dà l'impressione di impoverire te e una comunità... e di vanificare anni di impegno; però è la missione del prete situata dentro la Chiesa intera e non in una parrocchia... Al rammarico di lasciare un posto, vedo sovente la gioia che riparte... s'incontra con facce curiose di conoscere il nuovo parroco... e tra chiacchiere e attività, si rilancia nuovamente... Della serie: "tutto è grazia".

Invece non va altrettanto liscio per le relazioni umane più "sensibili" di quelle in generale, in quelle in cui l'affettività potrebbe tirarsi dentro anche un innamoramento e un desiderio di famiglia. Io auguro che la Chiesa cattolica torni a considerare l'affettività a 360 gradi, come gioia umana per tutte le persone... senza più escluderla ai preti, anche perché in natura non siamo fatti per caso in una certa maniera. Ogni prete ha la gioiosa possibilità di essere paterno in senso spirituale: come una levatrice accompagna il passaggio di piccoli e grandi alla fede, alla speranza e alla carità; può far nascere opere assistenziali in un mondo di indifferenza verso i bisognosi; può costituire un gruppo, costruire una chiesa, una cattedrale... ma questa paternità spirituale è alternativa o compatibile a quella naturale?

Io ho la fortuna di fare il papà a Niki. Infatti, per certi aspetti esistenziali, mi ritengo fortunato di essere un prete "adottato" da un gruppo di vita, che è la Comunità Progetto Sud di Lamezia Terme, dove convivo in una famiglia allargata insieme a persone in sedia a rotelle e altre in piedi, persone di colore e con la pelle chiara; e qui a mia volta ho "adottato" Nicola Denis, Niki appena nato; e séguito a fargli da papà.

Una gioia senza rinunce al prete gliela regala la sua messa e anche la sua omelia. Dalla mia esperienza, durante i 7 o 12 minuti che hai a disposizione per la predica, sai di avere annunĉi grandiosi e utili da dire alla gente, li puoi dire tu, ti senti di mettere insieme le persone con Dio, e da lì si evolve il resto. Fai abbracciare terra e cielo, materia e spirito, umanità e divinità. Non la finiresti mai... In quel contesto ci sono delle cose che dirai solo tu e nessun altro, e sei felice di dirle gratuitamente a tutti e con gratitudine a Dio, anche se hai rinunciato ad altre cose grandi... Sono gioie e rinunce che fanno parte del "mestiere" del prete...

Se ho compreso bene il tuo passaggio circa quello che dovrebbe tornare a rivedere la Chiesa, ti sta a cuore la questione del celibato...

Sì, anche se non è l'unica questione aperta. Il celibato ha le sue belle ragioni, ma è un argomento da trattare e non da occultare o sublimare... Trova ragioni nella missione del prete cattolico come in quella di altri sacerdoti della cristianità – ortodossi, protestanti eccetera – i quali però possono sposarsi. Il celibato trova ragioni anche in progetti di vita di *leader* politici come di persone impegnate nel sociale, nel campo educativo e altro ancora. Esistono infatti situazioni particolari per le quali il "tuo" matrimonio rischierebbe di svalorizzarsi e perfino snaturarsi mandando a rotoli anche il tuo stesso progetto di vita, religioso o laico che sia... Però, un conto è l'obbligo universale di celibato e un altro è la possibilità di scelta...

Senti. In Calabria abbiamo preti cattolici sposati, di rito orientale. Se ci parli ti rispondono che la Chiesa non è iniziata coi celibi. Pietro, il primo papa, era sposato... Sono pure convinti di essere *il trait d'union* tra la Chiesa romana e la Chiesa orientale. L'enfasi mistica e spirituale della Chiesa romana sul celibato dei preti tace giustificazioni anche di natura storica ed economica, quali la salvaguardia dei patrimoni della Chiesa. Sì, mi sta a cuore il celibato perché mi stanno a cuore i preti. Non penso che l'obbligo del celibato dei preti vada discusso a causa della carenza del numero di vocazioni, ma semplicemente per dare a coloro che "avvertono" la vocazione la possibilità di venire vagliati dalla Chiesa, al fine di ricevere il sacramento dell'ordine sacro. Penso insomma che la Chiesa debba fare qualcosa per non castrare (!?) una sua dimensione umana ad alcuni tra quelli che si sentono vocati a fare il prete. Era forse fuori dalla spiritualità e dalla mistica sacerdotale quel Gesù storico che ha fondato la Chiesa e il sacerdozio cristiano? Ti dico queste cose nella consapevolezza che il tema del celibato obbligatorio o libero dei preti non è l'essenza del cristianesimo.

Il tuo ministero si è rivolto originariamente soprattutto alla disabilità: puoi raccontare come nasce questa esperienza?

A Brescia frequentavo un gruppo di ragazze, giovani prostitute con mamme e nonne prostitute abitanti nel quartiere del Carmine. Di giorno praticavano il mestiere in casa, mentre la sera stanziavano dentro e davanti il *bar* Ai Miracoli, accompagnandosi a "clienti" di passaggio. Era un'amicizia nata per caso, perché in città conoscevo un amico di naja, Adriano, moroso di una di loro. Nei giri del *bar* vi erano anche dei poveracci del quartiere... Adriano, poi, era anarchico e io entravo in alcune sue baruffe con fascistelli di città. Se fai una ricerca sui disordini d'inizio 1974 a Brescia, troverai un elenco di giovani uccisi, di attentati terroristici, di scontri, fino alla bomba di fine maggio in Piazza della Loggia. Ecco, frequentavo questi giri, e la proposta di dedicarmi alle persone con disabilità mi fu rivolta come clausola per poter continuare gli studî in seminario. Io risposi di sì, e mi tuffai nei mondi delle disabilità...

Conobbi subito la sezione AIAS di Brescia e il Cottolengo di Torino; poi il santuario di Mariazell in Austria, la comunità di Capodarco e il santuario di Loreto nelle Marche, Lourdes, Oropa, Re ai confini della Svizzera e altri luoghi dove la sofferenza a causa dell'*handicap* e della diversità trova accoglienza e conforto. Dovevo svolgere una tesina sull'opportunità di somministrare i sacramenti alle persone con disabilità intellettive, in particolare cresima e matrimonio, poiché i sacramenti sono segni efficaci della fede, ma i destinatarî devono essere persone consapevoli e non incapaci di intendere... Li vestivo, facevo le docce, pulivo piccoli e grandi che s'erano fatti la cacca addosso, parlavo anche con quelli che non capivano, si pregava insieme, gli suonavo la chitarra e cantavano stonati e felici, e così via...

IT

Durante la permanenza presso la Comunità di Capodarco, vennero degli *scout* di Lamezia Terme a chiedere di accogliere dei giovani loro coetanei, ma sulla sedia a rotelle, i cui genitori divenuti anziani non riuscivano più a occuparsi adeguatamente di loro. Capodarco propose di fare a rovescio, cioè di non trasferirli nelle Marche, bensì di avviare un'iniziativa in Calabria, valorizzando quegli stessi giovani calabresi con disabilità insieme ad alcuni della Comunità di Capodarco... e in questo gruppo c'ero anch'io... Non si poteva tirarla lunga. Tra vescovi si sono messi d'accordo, mi hanno ordinato prete e imprestato alla Diocesi di Nicastro, che ora si chiama Lamezia Terme. Dal 1976 abito in Calabria, in una comunità di vita insieme ad altre persone, alcune con e altre senza disabilità...

**Handicap*, disabilità, diversa abilità: aiutaci a capire meglio cosa si cela dietro la terminologia...*

Il mio "giro" ritiene più opportuna la definizione scelta di recente dall'Onu, che è "persona con disabilità". All'elaborazione della definizione internazionale hanno preso parte anche quelli della mia comunità che hanno preferito far inserire un concetto mutuato dal personalismo filosofico. Avverso l'elenco di definizioni in uso e le nuove proposte, essi hanno insistito a posizionare come prima parola "persona" e non "disabili" o "invalidi" o "portatori di *handicap*". Hanno bocciato anche la dizione "diversamente abili", perché enfatica e fuorviante... infatti, anch'io, rispetto agli adolescenti, dovrei forse chiamarmi "diversamente giovane"? Dunque "persona con disabilità" dice immediatamente che ciascuno è una persona di dignità uguale a tutte le altre. La dizione "portatore di *handicap*" l'hanno ridicolizzata, perché è chiaro che l'*handicap*, lo svantaggio, viene creato da altri e non da chi lo subisce. Per esempio: se io sono cieco e tu insegnante mi scrivi gli appunti sulla lavagna, l'impossibilità a leggere me la provochi tu: non porto un *handicap* io che so leggere solo in *braille*, io lo subisco...

Questa è la loro prospettiva, il loro modo di guardare il mondo, il quale gli diviene estraneo e nemico se lo costruiamo solo per quelli (temporaneamente!) senza disabilità...

A partire dalla tua esperienza, raccontaci: qual è il senso di una vita vissuta con una disabilità? quali sono le attese, le speranze, i desideri quotidiani e di lungo termine di queste persone?

Le persone con disabilità sono tantissime. Come ci ha mostrato Matteo Schianchi in un suo libro fortunato: sono 650 milioni che aggregati formerebbero "la terza nazione del mondo", dopo la Cina e l'India... e i 6 milioni conteggiati in Italia formerebbero la seconda regione dopo la Lombardia. Molti saprebbero raccontare l'umiliante vissuto da "diverso" ritenuto "inferiore" già a casa loro, in famiglia; ma vengono zittiti. Non vengono consultati, non vengono valorizzati nei giochi da piccoli, sui banchi di scuola, forse anche in parrocchia, nella società... Sanno ascoltare, anche perché non possono fare molto altro. Sperano che qualcosa cambi, lungo attese faticose, sol perché noi li vediamo come

IT

ammalati invece che come persone ammalate... Talvolta, quando sorridono, devi capire che lo stanno facendo per smuovere te, l'ultima *chance* per non spegnere la vita... Ho imparato così che la vita può essere più grande di quella che pensiamo nell'oggi... Laddove è carente la consapevolezza di se stessi, ti costruisci patologicamente un falso sé ("Io sono capace di nulla" oppure "Io sono capace di tutto"); spesso, purtroppo, con la complicità dei genitori che proiettano su te i desideri di vederti "guarito"... Farsi una ragione di essere "diverso" e non un qualcosa di "rotto" è sconvolgente, ma illudersi alla fine ti intristisce di più.

Il senso della vita con una o più disabilità addosso è più difficile da cogliere... nemmeno ti attira cercarlo, però: o lo cerca e scopre la persona stessa oppure rimane un perenne calvario dove sofferenza e mortificazione ti possono annientare. Stargli accanto implica svolgere una parte in cui, senza sostituirsi a loro, li sorreggi nella loro personale ricerca di motivazioni e di dignità, utilizzi tecniche per l'autonomia, riveli verità anche crude specialmente nell'età dell'adolescenza. Prendersi cura di loro comporta pazienza e lungimiranza. Devi "vederli" persone in tutto, nelle capacità e anche nei limiti, così come nei diritti e nei doveri. In particolare, io credo che vadano stimolati a capire che chi li aiuta – un famigliare o un assistente qualsiasi – è a sua volta una persona e non una protesi. Bleffare in queste situazioni fa male il doppio...

Dunque la vita di comunità diventa essa stessa struttura terapeutica, se ho capito bene...

Sì, ma a certe condizioni. Diventa terapeutica se contesta e contrasta lo schema sanitario classico di assistente-assistito, per cui chi viene assistito è ritenuto incapace di tutto, riceve prestazioni e medicinali, ma non viene abilitato a maggiore autonomia e autodeterminazione. Poniamo, per esempio, che ci sia un giovane su una sedia a rotelle che alla fine del pasto viene dispensato dallo sparecchiare la tavola: perché estrometterlo da ciò che sa fare? Poniamo che un altro possa imparare a mangiare da solo: perché continuare a imboccarlo? In comunità ci si tratta alla pari: ognuno fa le cose che sa già fare oppure farà un giorno quelle che riuscirà a imparare...

Provo a porre all'uomo e al sacerdote una questione delicata e controversa: rispetto a certe condizioni note di handicap *del nascituro, qual è la tua posizione circa la possibilità dell'aborto?*

Mi sono imbattuto in questi dilemmi di coscienza con genitori informati dai medici sulla certezza o alta possibilità che avevano in arrivo un figlio o una figlia con sindrome di Down, o la distrofia muscolare o altre malattie. Nei mondi dell'*handicap* ho incontrato persone con disabilità "pesanti" da patire, che mi rivelavano di essere serene o felici di essere al mondo, e anche altre che mi confessavano che era meglio se non fossero mai nate.

Una presa di posizione forte su questo dilemma è scaturita proprio da alcune persone della Comunità Progetto Sud che si sono confrontate con altre a Bruxelles, presso la Commissione delle persone con disabilità dell'Unione Europea, sui temi dell'etica. Sul punto riguardante l'interruzione della gravidanza dei nascituri diagnosticati ad alto rischio di certe malattie genetiche, essi hanno risposto: "Qui non si tratta di questa o quella malattia, ma di Nunzia, Rita, Albino, Carlo... (e giù un elenco di nomi): qui si tratta di me". Si tratta di qualcuno e della "sua" vita... Io ho conosciuto sia la serenità di chi ha scelto di accogliere il nascituro, sia la costernazione di chi ha fatto l'altra scelta... Ho serie difficoltà a "ordinare" a una mamma: "Questa è la dottrina e adesso vèditela tu...", perché dovremmo vedercela insieme, perché la coppia o la mamma ha troppe probabilità di venire lasciata sola da una società indifferente e da una politica che sembra avere tutt'altro da fare...

Insomma: anche la mia coscienza rimane inquieta... e non si può rimanere con le mani in mano.

In cosa consiste essenzialmente, secondo te, l'esperienza di Progetto Sud...

Nella fatica e bellezza di fare comunità, insieme, e nello scopo di promuovere comunità accoglienti, comunità locali nelle quali ci si prende il più possibile cura gli uni degli altri. Comporta solidarietà, organizzazione, cultura, politica. Parto dalla nostra memoria storica (illustrata anche nei miei libri *Fare comunità dall'emarginazione* e *Qui ho conosciuto purgatorio, inferno e paradiso*). La Comunità Progetto Sud è un gruppo di persone differenti nel senso che c'è chi sta in piedi e chi in sedia a rotelle, maschî e femmine, giovani e non più giovani, chi di una classe sociale e chi di un'altra, italiane e straniere, di svariate culture e capacità, chi ha studiato tanto e chi nulla eccetera... Osservandoci, te n'accorgi subito. Una famosa grafica pubblicitaria ci rappresentò stilizzando un fiore con cinque petali l'uno diverso dall'altro, che è diventato il logo della comunità.

Abbiamo iniziato mettendoci insieme ad autogestire e condividere la casa, il lavoro, le automobili, i soldi e i debiti. Abbiamo lavorato sodo per autosostenerci. Condividiamo il valore dell'uguale dignità umana proprio rimarcando le nostre diversità, di persone, ciascuna delle quali è originale. È proprio e unicamente lei!

Naturalmente in comunità salta agli occhi la presenza di chi ha bisogno di tutto, senza autonomie per vestirsi o per condurre un ragionamento, perché dipende dalle droghe o è in fuga dalla miseria o dalle guerre o da se stesso, perché segnato dal disagio o dalla sofferenza... Per queste, con loro e non su di loro, abbiamo iniziato la comunità... Abbiamo mutuato le forme aggregative di allora ricopiando dalla Comunità di Capodarco, dalle comuni *hippy* e dai *kibbutz*, da gruppi educativi come dalle famiglie allargate, e poi anche dalla sperimentazione di servizî di accoglienza e di assistenza, giocandoci nella società locale e non separatamente...

Non siamo tutti giovani e forti ma, intenzionalmente!, stiamo anche con persone che non sanno cavarsela da sole per mangiare, muoversi, andare in bagno, lavarsi... per cui occorre assolutamente gestire dei servizî, dotarsi di saperi educativi, terapeutici... È una modalità aggregativa che potrebbe essere valida per varie formazioni sociali. A mio parere, piccole o grandi che siano, le formazioni sociali avrebbero tutto da guadagnarci a pensarsi come comunità di cura, nelle quali ci si prende cura di tutti e particolarmente dei più deboli, assistendoli e anche rispettandoli e valorizzandoli come persone e cittadini...

Adesso la Comunità Progetto Sud è diventata un gruppo di gruppi, di cooperative sociali e di associazioni tutte collegate... tra noi e anche col mondo, con reti sociali calabresi, nazionali e internazionali... Da organizzazione di tipo famigliare, gli esperti che ci studiano dicono che siamo diventati un'organizzazione *adhocratica*, che ci inventiamo più modi di fare e operare in relazione ai bisogni che emergono e alle "visioni" verso il futuro. Al nostro interno distinguiamo tra chi fa comunità mettendo in comune i propri beni e chi invece vive l'esperienza professionale nelle attività di servizio... sono forme differenziate, flessibili, e vanno tutte bene perché tutte utili, in quanto sono caratterizzate da accoglienza e condivisione, da un *mix* di vita familiare e di servizî di cura. Ciascun gruppo di *Progetto Sud* conserva la propria autonomia e compartecipa cogli altri al coordinamento e alla *governance* generale... La rete serve anche a supportarsi finanziariamente, tipo donazioni o prestiti a tasso zero. Aggiungo le forme di gestione sorrette esclusivamente dalla messa in comune dei nostri beni o delle nostre strutture, del tempo donato volontariamente agli altri...

Quante persone coinvolge sul territorio Progetto Sud?

Abbiamo circa 150 dipendenti e un'ottantina di volontari, tra uomini e donne e giovani del servizio civile. Arriva sempre qualcuno a dare una mano quando programmiamo una festa oppure un campo estivo... In 40 anni ci sono nati tanti di quei bambini e bambine! Fai presto a intuire che attorno all'iniziativa ruotano almeno un migliaio di persone...

Affrontiamo una questione tutt'altro che marginale circa la presenza di Progetto Sud sul territorio calabrese, in genere, e lametino nella fattispecie. Alludo alla vostra coraggiosissima resistenza, che è anche "affronto", alla delinquenza raffinatamente organizzata, quella della 'ndrangheta. L'approccio, per quello che ne so, è dato dal fatto che alla tua comunità viene destinata una struttura confiscata: è così?

No. I mafiosi si sono avvicinati ostili a noi appena aperto il laboratorio produttivo nel 1976. Due giovanissimi sono passati a chiedere il pizzo delle vendite dei nostri manufatti di rame e bigiotteria, e dopo il nostro rifiuto sono seguiti avvertimenti, minacce, danneggiamenti alla casa e agli automezzi. Il conflitto è salito alle stelle solo 25 anni dopo, 15 anni fa, quando abbiamo preso in uso sociale una struttura confiscata al *clan* Torcasio, situata nel cortile accanto alle altre loro abitazioni... In quel cortile mi hanno minacciato più volte di morte, e la magistratura e il Prefetto mi hanno sottoposto a un programma di protezione, che dura ancora. Ma in questo conflitto è coinvolta tutta intera la Comunità Progetto Sud.

Si capirà che non siamo nati come gruppo anti *'ndrangheta*: è la *'ndrangheta* che è anti noi. Noi ci difendiamo, resistiamo. Di case confiscate ne utilizziamo altre e altre ancora vengono finalmente gestite da altri enti *no profit*. Lo scontro coi mafiosi per noi è pesante perché si tratta del *clan* Torcasio, una famiglia temuta in zona, che non si limita – se così possiamo dire – a uccidere, ma si accanisce sulla vittima sfigurando, bruciando, dileggiando... e minacciando altri. In accordo col Prefetto inviato a Lamezia Terme a commissariare la città, la Comunità Progetto Sud ha preso una casa confiscata ai Torcasio, individuata per il presunto effetto strategico di "trascinamento" che avrebbe potuto ingenerare in città per ampliare l'utilizzo delle altre strutture confiscate, più "facili" da gestire perché situate distanti dalle abitazioni dei *clan*. Entrato per primo nel cortile dei Torcasio, dove erano avvenuti scontri a fuoco con morti e feriti, mi hanno minacciato di morte, però andando avanti compatti – anche questo è fare comunità – abbiamo fatto crollare quella sorta di mito negativo, secondo il quale dei mafiosi dobbiamo avere solo paura. Infatti, la popolazione del quartiere ci vedeva entrare e uscire, ci vede ancora lì e diffonde la voce che "gli handicappati hanno 'osato' occupare quella casa": quella che i Torcasio abitavano sfacciatamente (nonostante fosse stata sequestrata e definitivamente confiscata) per indicare la loro potenza... stendevano la biancheria ai balconi per ostentare che essi l'abitavano e dominavano ancora nonostante le leggi e lo Stato... Il *clan* e la gente del quartiere si sono visti arrivare persone in carrozzina piuttosto che l'esercito, con l'effetto di uno schiaffo morale. Nell'opinione pubblica e degli altri *clan* locali, in breve, sono saltati gli schemi usuali del mafioso che intimorisce tutti.

Ho chiamato volutamente "Pensieri e parole" quella casa di quattro piani con doppî appartamenti a piano perché attorno a essa vigeva un clima di omertà, mentre adesso è diventata "il" simbolo della resistenza della popolazione che intende liberarsi dalla prepotenza dei *clan* mafiosi... Essi se ne fregano di perdere la casa da un punto di vista economico; ci tengono a farla apparire sotto il loro controllo per un fatto di prestigio, per non perderci la faccia. Figurati che anche i vigili urbani di Lamezia Terme, allorché il commissario prefettizio considerò di assegnarci quella struttura, minacciarono uno sciopero pur di non eseguire l'ordine... e allora ci siamo entrati noi, deboli e disarmati.

E dunque: si può dire che da allora è cambiato qualcosa?

Sì. A Lamezia Terme altre case e uff100î confiscati sono finalmente utilizzati da varî enti e associazioni. Anche la diocesi. Nonostante ci abbiano sparato, messo bombe e minacciato per dissuaderci, non abbiamo mollato. Immagina delle persone sulla sedia a rotelle nel ruolo di cittadini antimafia, felici di fare alla città il regalo di avere meno paura... Quando quelli del *team* "Le iene" sono venuti con la televisione a farci visita pensando di imbattersi in un agguerrito gruppo antimafia, vedendo le sedie a rotelle ci sono rimasti di stucco!

Ritieni che questa situazione abbia di fatto intaccato la "forza" culturale dei malavitosi? intendo dire la loro incolumità anche nei confronti dell'opinione pubblica?

Guarda, mentre prima c'era gente che diceva la classiche frasi fatte: "La mafia ci dà lavoro, ci protegge, e non lo Stato!", adesso questo impianto di idee si va sbriciolando e finalmente i mafiosi vanno perdendo quell'alone di "protettori e benefattori" costruito con le loro "protezioni" a caro prezzo... e questo gli procura enorme fastidio.

Si può dire che anche a livello sociale, lo strapotere di questo clan sia stato infiacchito?

Sono meno temibili. Perdono credibilità, ma socialmente non basta. Bisogna intaccare anche la loro forza delle armi, della ricchezza e delle alleanze che hanno stabilito coi finti imprenditori e i falsi rappresentanti del popolo democratico. Riguardo ai Torcasio, ti confesso che io ero convinto che a dissacrare le feste religiose di Natale di un anno e mezzo fa, e di Quaresima e di Pasqua dello scorso anno con bombe e colpi di arma da fuoco contro di noi non fossero stati loro, ma altri subentrati, perché non erano mai arrivati a distruggere la "loro" villa; e invece un nuovo pentito, uno di "famiglia" – cosa rara nella *'ndrangheta* – sta facendo nomi e cognomi; fino a che, alcuni giorni fa, ha esplicitamente dichiarato di "sapere chi ha attentato alla vita di don Panizza"...

Nell'immaginario cittadino il loro strapotere è infiacchito; però questa città di oltre 70.000 abitanti, la terza più popolosa della Calabria, non ha ancora consolidato un'efficace resistenza contro i locali *clan* di *'ndrangheta*.

Puoi esprimere una tua valutazione circa la forza, la volontà e l'impegno delle istituzioni nell'osteggiare il fenomeno mafioso?

Dei 40 anni che sono in Calabria, solo gli ultimi 5 mi sembrano quelli in cui la magistratura e le forze dell'ordine stiano eseguendo più arresti di *'ndranghetisti*, in Calabria e nel resto del mondo. Purtroppo fanno un po' acqua i livelli di protezione, e i testimoni di giustizia non stanno tutti tranquilli. Nell'immaginario collettivo veniamo erroneamente confusi coi collabori di giustizia, i cosiddetti "pentiti", mentre noi siamo vittime di attentati perché abbiamo denunciato i mafiosi. I "pentiti" invece sono mafiosi che denunciano altri mafiosi ricavandone degli sconti di pena.

Nelle scuole l'educazione alla legalità non ha ancora prodotto appieno i frutti attesi. La lotta ai sistemi mafiosi su più fronti sarebbe un bell'investimento, ma le istituzioni, nel loro complesso, sembrano fiacche... La popolazione, inoltre, non può e non deve intendere lo Stato solo come istituzione di tribunali e forze dell'ordine, perché la giustizia di cui abbiamo bisogno contro le mafie non è solo

IT

quella giudiziaria e penale, ma anche quella sociale. Soprattutto al Sud abbiamo necessità e diritto di più promozione sociale, di cultura, di uguaglianza, economia pulita e democrazia... Se in Calabria tanti Comuni sono stati sciolti per mafia e la Sanità è da anni commissariata per sprechi e corruzioni, le nostre istituzioni non fanno buona figura di legalità, e noi società siamo chiamati a fare di più e meglio la parte che ci spetta: difatti le istituzioni non ci possono sostituire nella costruzione della nostra libertà attiva, della nostra democrazia, della nostra dignità umana e sociale.

Chi è antropologicamente, eticamente, socialmente, umanamente il malavitoso: un disadattato, un ignorante, uno sciocco, un folle o un "ragionevolissimo" recidivo? Qual è la tua opinione di religioso, ma anche di cittadino, se è diversa, a questo proposito...

A me il malavitoso sembra uno "normale", confuso tra gli altri, ma con la differenza che lui ci tiene a far sapere a tutti di esserci... e di volerci sottomettere. Si guarda la mano facendosi aiutare da esperti e avvocati per non finire in galera, però l'opinione pubblica deve introiettare la sua forza e il suo potere. Se gli serve fa anche apparire di essere un benefattore, invece che un prepotente. Non tutti i malavitosi si atteggiano a comandanti come certi *boss* dei film. Tirati con giacca e cravatta o trasandati come Totò Riina, sanno che li conosciamo, noi e le forze dell'ordine, ma difettano le prove provate per condannarli alla galera... Non gradiscono apparire sottomessi a qualcuno, anzi sottomettono gli altri a seconda dei casi, utilizzando maniere virulente o suadenti. Sono determinati a stare dalla parte della ragione della forza, la loro!, per cui si avvera il proverbio che dice: "Nella vita fai ciò che credi giusto, altrimenti finirai per credere giusto ciò che fai!".

Certo, tanti malavitosi attuali fanno parte di famiglie in cui ci si sono trovati per caso, per nascita... famiglie che con le buone e con le cattive li hanno educati ad assumere il ruolo di mafiosi, inculcandogli che abitano un mondo di tutti ladri e di lupi famelici nel quale, per sopravvivere, bisogna essere ladri e lupi famelici più degli altri. Gli strutturano la mente e i sentimenti a pensarsi anche al di sopra di Dio e a comportarsi all'infuori di qualsiasi etica e regola religiosa, sociale e statuale. Gli tarano la coscienza convincendoli che si può comprare tutto e tutti. Questo io vedo...

Però sono convinto che anche i non malavitosi vivono, viviamo, attratti da questi atteggiamenti, perché ci viene più facile fare il male che il bene, prendere scorciatoie a buon mercato, che evitiamo di percorrere soltanto per paura di figuracce e multe e non per convinzioni morali... Sono persuaso, dall'esperienza di fare il prete e dai miei ascolti di tante persone e di me stesso, che esistano in noi zone d'ombra simili a quelle dei mafiosi, e che spesso solo il caso di essere nati in un'altra famiglia, in un altro luogo e con un'altra educazione, tanta fortuna e – perché no – per grazia di Dio, siamo soddisfatti di ragionare e di comportarci in maniera totalmente diversa dalla loro.

IT

Qual è la tua relazione con l'arte: poesia e letteratura in genere, musica, pittura?

Mi piace la musica. Ascoltarla e studiare certe composizioni di grandi compositori. Compositrici ne conosco pochissime solo del *jazz*, e una sola, di mille anni fa, nel campo della musica religiosa: Ildegarda di Bingen. Strimpello sulla tastiera del pianoforte. A 14 anni ho acquistato la mia prima chitarra con una delle prime buste paga, e in seguito un giradischi pagato in dodici rate mensili.

Ultimamente non riesco a dedicare il tempo necessario all'esercizio, per cui, suonando il piano, la mano sinistra non va ai tasti dove dovrebbe battere mentre gli occhi leggono lo spartito... Prediligo Keith Jarrett e il bresciano Arturo Benedetti Michelangeli, Miles Davis e Pat Metheny... *Jazz* e classica mi deliziano, ma mi piacciono anche alcune canzonette che hanno rappresentato le poesie di quand'ero senza scuola... Invidio uno sterminato numero di autori di letteratura e di pittura e scultura... Si può dire che li invidio?

Se lo dici tu...

Sì, allora li invidio perché mi distanziano anni luce. In Calabria e oltre, dentro case e chiese, ci sono alcuni miei dipinti e sbalzi di rame, prodotti nel nostro laboratorio artistico artigianale. In Vaticano starei per ore a guardare la *Pietà* di Michelangelo, anche se ora non la vedi più ad altezza d'uomo girandole attorno perché l'hanno collocata distante, in alto e con un vetro protettivo che mi disturba...

Pensa che avevo comprato un *poster* della *Pietà* che ho riprodotto a sbalzo su rame più volte perché veniva venduto continuamente. Tuttavia la cosa che amo di più è leggere...

E lo sport? Lo pratichi?

Mi è sempre piaciuto, ma adesso sono andato su con l'età. Ho avuto modo di praticare più *sport*... Stando coi giovani il pallone non manca mai. Certo, con tossicodipendenti disfatti di testa e di fisico riesco ancora ad andare in *goal*... Il *tennis*, le bocce, il calcio balilla e il biliardo rappresentano i giochi della mia fanciullezza e adolescenza, oltre al nuoto al fiume e al calcio, ovviamente... Per avere fiato a giocare, a correre, calciare e nuotare con mio figlio – e poter vincere per non fare brutte figure – ho smesso di fumare. Con le persone in carrozzina fai briscola e tresette...

E gli hobbies?

Strimpellare, e, finché potrò, continuerò almeno una settimana all'anno a praticare i sentieri delle Dolomiti...

Sei uno scalatore?

Ho l'attrezzatura giusta, scarponi, moschettoni... conosco i percorsi, i rifugî e le distanze tra di loro, le zone pericolose, i passaggi alle bocchette... Mi vuotano la testa: anche se sudo e fatico ogni anno di più: è una vera e propria catarsi, e torno riposato...

C'è qualcosa di te che non ti piace?

Sì. La fatica a esprimermi al volo e con precisione. E poi il turbamento che mi frega e mi impedisce di tornare prontamente calmo quando una persona mi fa saltare ogni logica e ragionevolezza; e quando qualcuno offende scriteriatamente. In queste circostanze io perdo la calma, e si vede... Mi infastidisce che qualcuno mi venga a dire: "Ti sei alterato" quando sono alterato. Non riesco a fingere di non essere andato in *tilt*. Figurati che — come alcune volte è capitato — se qualcuno mi ha detto che mi uccide, io riesco a fingere di non avere paura, invece vado in *panne* quando mi cambiano discorso con arroganza o mentono spudoratamente sapendo di mentire...

Qual è la cosa che ti piacerebbe che gli altri apprezzassero più di te?

Mi hai spiazzato! Però mi piacerebbe che quando rispondo a un giovane: "Arrangiati!", capisse che glielo sto dicendo dentro una logica amorevole, che gli suggerisco di fare a meno del mio aiuto perché è ora che si emancipi. Io sforzo me stesso e il mio modo di essere a dirgli in faccia: "Arrangiati!" perché non voglio passare per paternalista a dirgli invece: "Ce la puoi fare. Tocca a te!", perché il senso è questo... Chi lo capisce mi rimanda un grazie col sorriso o cogli occhi.

C'è un sogno che vuoi realizzare ancora, oltre a tutte le cose belle che hai già fatto nella tua vita?

Alla fine del discorso forse non mi sono ancora spiegato bene, perché mi stai attribuendo tante cose realizzate, mentre nella vita le ho concretizzate quasi tutte in compagnia, insieme alle persone della Comunità Progetto Sud, e ad altre persone ancora... alcune delle quali hanno operato e altre mi hanno regalato suggerimenti d'oro. Senza di loro avrei fatto poco o niente di bello qui in Calabria.

Alla mia età, più che fare mi piace guardare cosa realizzano quelli più giovani. Mi entusiasmo a vedere ragazzi e ragazze prendersi in mano la propria vita, chi con valori culturali, chi sociali, chi economici e finanziarî, chi di tutela del creato, chi valori politici e chi religiosi. Chi con l'arte...

Io desidero anche avere più tempo per me, per fare più "cose di chiesa", e anche suonare meglio.

Desidero farmi sempre più da parte nella conduzione della comunità: non in vista di un fantomatico riposo, ma per darmi da solo tre pacche sulla spalla complimentandomi: "Bravo, qualcuno ti ha sostituito!". Oltretutto, più persone lo sanno già fare.

Io sogno di poter incontrare più figli e figlie di Calabria che si mettono in gioco per il riscatto della propria terra: sia che scelgano di emigrare oppure che scelgano di rimanere a cambiarla in meglio da qui.

Razionalità e passionalità: in che percentuale stanno nelle cose che hai realizzato nella tua vita?

Potrei dire 50 e 50, anche se so che la ragione richiede tempo e concentrazione, mentre la passione ti spinge da dentro anche da sola. Le iniziative e le

IT

tante svolte della mia vita mi hanno costretto – meno male! – a comporre razionalità e passionalità. La razionalità ti è necessaria, perché non puoi fare resistenza a mafiosi, o a uffici corrotti o a imbroglioni solo con la passionalità. Ma nemmeno puoi pensare di organizzare la vita tutta ragionata a tavolino. L'esperienza mi dice di calcolare e di metterci la passione, componenti che devo possedere io; ma lo svolgersi degli avvenimenti spesso ti sovrasta. Il bello è che i risultati più volte sono stati diversi e migliori di quelli che mi aspettavo. Non si realizza tutto come da progetto, e tuttavia senza progettare non parti neppure.

Questo è valso per il più singolare dei miei progetti, che è la Comunità Progetto Sud. Avevo pensato: "Vado al Sud per 5 anni; progetto un gruppo autogestito e alcuni aspetti basilari, e quando il vescovo che mi ha imprestato qui mi richiamerà su, sapranno cosa fare". Ma le cose sono andate diversamente: ho messo su la Caritas diocesana che era inesistente, avviato iniziative sociali inaspettate e attività ecclesiali e culturali, e mi stanno lasciando ancora in Calabria...

Anche con molte persone che aiuti devi trovare la mediazione tra razionalità e passionalità, perché chi vive la sua quotidianità con la distrofia muscolare, o con la dipendenza dalla droga o dal gioco, o sta sprofondato in problemi di disoccupazione, o in altri disagî, difficilmente parte dalla tua passione e dalle tue ragioni, ma dalle sue o dei suoi contesti. Provo a spiegarmi con un paio di episodi.

La passione non basta a difendere un ragazzo che ruba due arance al fruttivendolo e si prende legnate dalla polizia: se sai, dovrai tu denunciare i poliziotti perché lui non lo farà mai. Il giorno che sono andato a denunciare dei poliziotti alla polizia, il comandante ha fatto chiudere le imposte dello stanzone, ha introdotto una decina di poliziotti che mi hanno accerchiato, ha fatto spegnere le luci... e io razionalmente ho detto: "...e adesso: picchiate!"... Ma si sono fermati. Non ho mai saputo quale razionalità o passionalità avessero agito in me e in loro... ma s'è risolta così... infatti ci siamo capiti... adesso poi mi proteggono dai mafiosi.

Là ero da solo, ma in altri episodi eravamo in gruppo. Come quando abbiamo aperto un conflitto con l'Azienda sanitaria di Lamezia Terme perché non faceva le terapie ai componenti disabili della Comunità Progetto Sud... e qualora fossimo entrati noi nei programmi riabilitativi, l'Azienda avrebbe tolto le terapie ad altri... Tutti compatti abbiamo dunque organizzato l'occupazione della direzione sanitaria. Si comprende che è un'idea battagliera in cui ragione e passione non mancano. Una ventina di noi della Comunità, chi sulla sedia a rotelle e qualche volontario e volontaria e il prete, abbiamo occupato e bloccato gli uffici centrali per circa tre settimane. I dirigenti dell'Azienda, a quel punto hanno tirato in ballo la polizia e il vescovo, e in maniera anche un po' teatrale – con la complicità del vescovo – abbiamo messo a tema il nodo centrale della questione, ovvero se le persone con disabilità avessero solamente bisogno o un vero diritto alla terapia. Grazie alla ragione e a un paio di leggi la nostra battaglia è stata vinta, sigillata dal Prefetto di Catanzaro che ha "assolto" le nostre tre settimane di occupazione e certi effetti con alcuni danni della nostra protesta. Ha ordinato che l'Azienda sanitaria rispondesse al più presto ai nostri bisogni e diritti di terapia... A quel punto, intuitivamente (è ragione o passione?), invece che chiedere le 20 terapie per noi ne ho chieste 200... Oserei dire che in un piccolo gruppo sciancato (!) abbiamo fatto politica senza fare un partito, vincendo una battaglia per i diritti alla salute... I nostri in sedia a rotelle si erano davvero spesi in prima persona durante quei giorni disagiati a stare, mangiare, dormire, lottare in quegli uffici, ma erano effervescenti di passione e consapevolmente razionali, perché oltre che per se stessi avevano conquistato le terapie anche per quelli che nemmeno sapevano di averne diritto.

FUTURO

Come vedi il futuro dell'associazionismo giovanile, religioso o laico che sia?

Nel nostro Paese l'associazionismo giovanile mi pare abbastanza differenziato. Conosco città spente e altre vivacissime seppur situate a pochi chilometri di distanza tra loro. Forse indica che l'associazionismo esiste laddove gli abitanti del suo territorio lo vogliono? Ma l'associazionismo giovanile è tale e vero soltanto se libero: libero da partiti politici, da *sponsor* mercantili e finanziarî, libero anche dalla Chiesa. I giovani intruppati, anche a fare cose lodevoli, non fanno associazionismo. Nemmeno se li portiamo a milioni a incontrare il Papa. Schiere giovanili "allineate" e indottrinate devono obbedire ai capi e non al loro cuore e alle loro ragioni.

Essi non sono il mezzo delle aggregazioni, ma i soggetti e il fine delle aggregazioni. Il parametro per valutare l'evoluzione e la salute dell'associazionismo giovanile non potrà mai essere la quantità delle aggregazioni giovanili esistenti, ma se in esse i giovani vengono rispettati e valorizzati in quanto autori della propria vita, incluse le loro contraddizioni, le trasgressioni nella leggerezza dei modi di agire dell'età... Proprio per questi aspetti, l'associazionismo giovanile dovrebbe predisporre ambiti flessibili in cui non cade il mondo se essi sbagliano qualcosa nella loro ricerca di futuro. Penso che stia anche qui la sfida dell'associazionismo giovanile.

Nel panorama delle aggregazioni esistenti, io ritengo che quello religioso disponga più di altri di

IT

storia, di *chance* e di educatori ed educatrici disponibili a scommettere e a pagare il costo della libertà e della felicità dei "nostri" giovani.

Detto questo, credo che il futuro dell'associazionismo giovanile dovrà affrontare l'evoluzione e l'ampliamento continuo delle comunicazioni virtuali tra i giovani e i varî mondi giovanili. Penso che questo processo vada svelato e conosciuto, maggiormente valorizzato e governato, e che potrà realizzarsi al meglio soltanto con la diretta e corresponsabile partecipazione e l'aiuto dei giovani stessi, che su questo punto ne sanno più dei loro educatori... Il mondo giovanile, seppur in minoranza, non sopporterebbe quest'altra censura da parte degli adulti.

E il futuro della scuola, come lo vedi?

Preoccupante... Perché credo che anche la migliore riforma, come qualsiasi idea di "buona scuola", vada giocata in maniera appropriata nell'organizzazione generale (che è un aspetto abbastanza nuovo per le istituzioni scolastiche)... ma principalmente che ci si impegni nelle aule, in classe e a tu per tu tra docenti e studenti e studentesse, e tra istituzione scolastica e famiglie...

Sono in campo tanti attori e altrettanti interessi, tutti leciti (quali ad esempio i diritti e doveri degli studenti, gli stipendi dei docenti, il ruolo dei dirigenti, gli orari dei genitori, i costi dei libri e dei viaggi, le piccole spese di materiali necessarî eccetera) che nei conflitti possono far pesare maggiormente gli interessi dei più forti in campo a scapito di tutti gli altri. L'insegnamento è un lavoro che serve a portare il pane a casa, ma la scuola trova primariamente il suo senso di esserci nel servire i piccoli, non a occupare i grandi...

Di cosa ha bisogno soprattutto l'umanità, il pianeta in genere?

Di infinite cose... e di essenzialità. Ne accenno una utilizzando come metafora un episodio della vita di san Francesco d'Assisi. Siamo a mille anni fa, quando Francesco cercava di ottenere l'autorizzazione, dal papa di allora, a regolarizzare ufficialmente la schiera dei suoi fraticelli. Ma la sua richiesta è stata bocciata. Ritentò anni dopo, con un altro papa e con un'altra modalità, cioè: alle preoccupazioni di prelati e sapienti al cospetto del pontefice propose un messaggio semplice, la pace, e venne promosso. I frati di Francesco porteranno al mondo parole di pace. Mille anni dopo, a mio avviso, l'umanità e il pianeta abbiamo bisogno di pace. Nei vari modi in cui la si voglia intendere e realizzare, la pace è il fine e anche la condizione necessaria di un mondo diverso e migliore: essa ha a che fare con diplomazie e poteri, anche militari, e anche con ciò che ognuno di noi può già operare nella sua vita concreta per costruirla.

La pace si concretizza ogni qualvolta cerchiamo insieme, veramente, il bene di ciascuno e di tutti. Alla pace giungiamo anche attraverso conflitti, ma col fine di capirci; la raggiungiamo attraverso un reciproco fidarsi con una fiducia che non è vendibile né acquistabile, ma solo regalabile. Chi più ci crede fa questo dono per primo. Certo non è il regalino *una tantum* di Natale o di San Valentino, ma piuttosto è una dimensione esistenziale generatrice di relazioni, di socialità, di *polis*, di civiltà. La pace umanizza i nostri ambiti, dispensa grazia, fiducia, tenerezza, ma anche civilizza i popoli e li fa grandi quando, per esempio, fa incontrare culture diverse, porta a condonare debiti tra nazioni, fa evitare guerre...

Cosa occorre fare per migliorare le condizioni del nostro Paese?

Posso offrire solo una proposta parziale, che scaturisce − per dir così − dalle esperienze che vivo, quelle dell'emarginazione in generale, coi suoi volti fragili e indifesi. Visto da questa prospettiva, penso che il Paese abbia urgente bisogno di persone esperte e oneste, capaci di suggerire interventi utili a migliorare le condizioni dell'interezza del Paese stesso e non solo della frazione di una sua parte "alta", com'è avvenuto finora. È tempo di riconciliarci nello Stato unitario, nella Repubblica. È ora di riconoscersi Paese. Abbiamo bisogno di rimettere in circolo i diritti e le responsabilità di tutti e di ciascuno, perché il Paese migliorerà le sue condizioni soltanto se i protagonisti del cambiamento lo possiamo diventare tutti: comprese le persone fragili ed emarginate. Nessuno escluso!

Grazie!

Grazie a te delle domande stimolanti e anche di quelle che non mi hai fatto.

LA PIETRA CHE I COSTRUTTORI
HANNO SCARTATO E' DIVENTATA LA
PIETRA D'ANGOLO
(GESU' DI NAZARETH)

APPUNTI

_____
_____
_____
_____
_____
_____
_____
_____
_____
_____
_____
_____
_____
_____
_____
_____
_____